이독

이독

성공 습관을 기르는 석세스 리딩

異讀

이지성 · 스토리베리 지음

차이
정원

등장인물

고현성

/

기획팀에서 마케팅팀으로 좌천당해 좌절을 겪다가 '일독'을 하며 삶을 변화시킬 수 있는 기회를 가졌다. 좌충우돌 왕초보 독서에서 벗어나 1년 365권 독서까지 완수하며 기획팀으로 돌아오지만 새로운 어려움을 겪는다. 이지후와 재회하면서 '이독'에 도전하게 된다. 이독을 통해 독서의 참된 의미를 깨닫고 진정한 성공을 일궈나간다.

마오성

/

전략본부 총괄본부장. 기획팀과 홍보팀을 이끌고 있다. 현성이 마케팅팀으로 좌천당했을 때 팀장으로서 그를 이끌어주었다. 뛰어난 업무 능력과 카리스마를 지녀 현성이 존경하는 인물이다.

홍승우

/

기획팀 신입 사원. 성실하고 붙임성 있어서 현성을 잘 따른다. 기획팀 막내로 팀의 분위기를 잘 읽어내며 유머러스하다. 사내 자기계발 모임인 '이독당'의 열혈 당원이 되어 현성의 성장을 누구보다 가까이서 지켜본다.

이지후

/

현성의 독서 멘토이자 베스트셀러 작가. 현성이 일독을 할 무렵 그에게 책을 낸 CEO를 10명 인터뷰하라는 미션을 내주었다. 시간이 지나자 다시 벼랑 끝에 내몰린 현성을 이독으로 이끌면서 보통 사람들이 꼭 성공해야 하는 이유와 가치를 알려준다. 참된 성공이란 혼자만의 부와 명예를 성취하는 것이 아니라는 신념을 갖고 있다.

유강석

/

전략본부 과장. 이독당에서 처음 만났을 땐 냉정하게 대하지만 곧 현성의 진심을 알게 된다. 방대한 독서량, 탁월한 판단력, 정확한 기획력을 바탕으로 완벽하게 업무를 해낸다. 똑 부러지는 깔끔한 성격 때문에 사람들에게 오해를 사기도 한다.

표정수

/

제작팀 과장. 본명보다는 사내 안팎에서 표범이라는 별명으로 불린다. 불같은 성격에 한번 화가 나면 누구도 말릴 수 없지만 추진력이 강해 종종 해결사 역할을 한다. 거친 입담과 행동으로 현성을 괴롭게 하는 장본인.

차례

1부 변화의 시작, 문제는 책이 아니야

2부 끝까지 달리기 위해 필요한 독서의 기술

3부 성공하는 사람의 마인드를 품는 독서

4부 일과 관계를 내 편으로 만드는 독서

프롤로그

• • •

독서는 절대 배신하지 않는다던데

이상한 일이었다. 정말 이상한 일이었다. 거꾸로 생각하고, 바로 생각하고, 뒤집어 탈탈 털어 생각해도 이상한 일이었다.

"혹시……."

현성은 가슴이 덜컥 내려앉았다. 소문으로만 듣고 드라마에서나 보던 일이 생긴 걸까. 밤길에 강도라도 만난 듯 심장이 벌렁거리며 식은땀이 났다.

"아니야, 설마……아니야, 아닐 거야."

고개를 저었다. 한 번으로는 불길한 예감이 떨쳐지지 않았다. 두 번 세 번, 그러고도 열댓 번 머리를 더 흔든 후에야 간신히 고개를 들었다. 하늘은 푸르고 햇빛은 찬란했다. 그런데 가슴이 뻥 뚫린 듯 허무했다.

“아무래도 내가 죽을병에 걸렸나 보구나…….”

현성은 눈을 질끈 감았다. 죽음을 목전에 둔 사람에게만 보인다는 본인의 일생이 눈앞에 파노라마처럼 흘러갔다. 좌천당하다시피 갔던 마케팅팀에서 다시 기획팀으로 옮기며 회사 내에서 현성을 모르면 간첩이라는 소문이 돌 정도로 유명인사가 되었다. 아이디어를 내고 프레젠테이션까지 한 기획이 몇 개나 통과되어 사장에게 특별상까지 받았다.

어디 그뿐이던가. 사내 스터디팀을 이끌며 회사에 ‘독서 열풍’을 불러오기도 했었다. 평사원들은 물론 임원진 앞에서도 강연을 했다. 그때마다 주제는 ‘독서’였다. 사내에서 알아주는 독서가였고 작년에는 사원들의 인기투표에서 자기계발 분야 최고 인물로 뽑히기까지 했다.

물론 궁상맞다 못해 지지리 궁상맞던 시기도 있었다. 아버지 사업이 홀딱 망해 하루아침에 빚쟁이한테 쫓기는 신세가 된 데에다 애인한테 차이고, 회사에서도 이리 치이고 저리 치이며 온갖 구박을 다 받을 때도 있었다. 확 사표를 내버리고 방구석에 처박히고 싶은 마음도 들었었다.

그러나 벼랑 끝에 매달린 상태에서 독서를 통해 겨우 다시 살아났다. 독서 고수로 거듭나며 회사에서도 인정받는 인재로 성장하고 있다고 믿었다.

"그런데 왜……?"

현성은 손에 들린 책을 물끄러미 바라보았다. 3일 전부터 읽기 시작했건만 오늘 아침까지 겨우 10장 남짓 읽고 덮어둔 책이었다. 3일 동안 고작 10장이라니, 독서 왕초보 시절에도 있을까 말까 한 일이었다.

'도대체 내게 무슨 일이 생긴 거지?'

* * *

석 달 전, 1년 365권 슈퍼 리딩을 끝냈다. 마지막 페이지를 덮던 순간 하늘에 뛰어올라 별이라도 따올 수 있을 것 같았다. 세상 모든 것을 다 얻은 기분이었다.

'하루에 한 권씩 꼬박 일 년을 읽었어. 아무나 할 수 있는 일이 아니라고.'

길을 걸을 때도 어깨에 힘이 들어갔다. 발걸음도 당당해지고 목소리도 커졌다. 책이라곤 냄비 받침으로 쓰거나 모기를 잡을 때만 쓰던 자신이 100일 33권 독서를 해내고, 전문 분야 100권 읽기인 프로 리딩을 해내고, 성공한 CEO 10명의 인터뷰를 해냈다. 불가능해 보이던 1년 365권 독서, 슈퍼 리딩까지 완수했다.

사내 스터디팀을 이끌며 독서를 포기하고 싶다는 후배들이 나타날 때마다 '포기는 배추를 셀 때만 쓰는 말'이라고 누구보다 목청 높여 부르짖었다. 누구보다 책을 사랑한다고 믿었다. 사내에서도 독서 마니아로 소문난 지 오래였다. 사람들의 눈을 의식해 더 열심히 읽기도 했다. 그들의 칭찬과 인정은 언제 들어도 달콤했다. 타인의 시선은 독서의 양식이었다. 현성이 하루에 한 권씩 책을 읽었다는 이야기는 이미 전설이 되었다.

그런데 지금은 하루에 한 권은커녕 일주일에 한 권 읽기도 힘들었다. 가슴에 커다란 구멍이라도 난 듯 헛헛했다. 슈퍼 리딩을 끝낸 후 스멀스멀 찾아온 권태가 조금씩 가슴속에 똬리를 틀더니 한 달 전부터는 아예 자기 집인 양 눌러앉아 버렸다. 1년 동안 365권을 읽던 기백은 어디로 사라졌는지 도통 모를 일이었다.

시간이 나면 책을 읽기보다 신생 걸그룹에 눈이 갔다. 앙증맞은 춤을 따라 하며 발차기도 하고 싶고 가슴 앞에 손도 모으고 싶었다. 밤새 온라인 고스톱을 치고 사람들과 시시껄렁한 이야기를 나누며 술도 마시고 싶었다. 이런 건 독서를 하기 전에나 하던 생각이었다. 현성은 머리를 쥐어뜯었다.

"정말 이게……무슨 병이지?"

개미지옥에 빠졌다가 간절한 마음으로 독서를 하면서부터 겨우 벗어났다고 생각했기에 지금 이 상황을 스스로도 이해할 수 없었다. 자신을 독서의 길로 이끌었던 친구 명훈이 떠올랐다. 이런 날 함께 욕쟁이 할매집에 가서 막걸리라도 먹으며 허심탄회하게 속내를 털어놓고 싶었다. 그러나 욕쟁이 할매의 막걸릿집은 반 년 전에 문을 닫았고, 자신의 옆에서 늘 아낌없는 격려와 지지를 해주던 친구는 1년 전 뉴욕 특파원으로 발령받아 떠났다. 3년은 더 있어야 올 것이다.

애인이었던 하영을 떠올렸다. 독서 동지로 만나 서로를 지지해주다가 사랑에 빠졌다. 1년 365권 읽기에 같이 도전했지만 늦기 전에 공부를 더 하고 싶다며 뉴욕으로 떠났다. 그녀의 미래를 위해 이별을 받아들였지만 담담해지기까진 시간이 걸렸다. 더욱 열심히 책에 몰입했던 것도 그녀를 잊기 위해서였다.

그동안 많은 일이 있었지만 지금 현성이 겪는 일은 예상은커녕 상상도 하지 못했던 일이었다. 산전, 수전, 공중전까지 겪었지만 책을 읽기가 싫은 날이 찾아올 것이라고는 생각도 하지 않았던 것이다. 저절로 한숨이 쏟아졌다. 밥 먹듯 한숨을 쉬다가 책을 읽은 후부터 사라졌던 한숨이었다. 그러나 지금은 시도 때도 없이 배 속 깊은 곳에서부터, 뼛속 안쪽에서부터, 오장육부 바닥에서부터 검고 짙은 한숨이 쏟아졌다.

"고현성, 너 진짜 한심한 놈이구나. 그동안 읽은 책들은 다 뭐냐……."

책이 눈에 들어오지 않는 이유는 또 있었다. 이번에야말로 틀림없이 과장을 달 거라고 생각했는데 올해는 승급 심사 자체가 없었다. 눈에 띄는 성과를 내지 않는 이상 근속 연수로 승진시키지는 않는다는 것이 앞으로의 회사 방침이라고 했다. 과장은 외부 경력직으로 채워졌다. 열심히 일한 것에 비하면 힘 빠지는 인사였다.

휴대전화 문자 알람 소리가 들렸다. 문자를 확인한 현성의 어깨가 더욱 아래로 처졌다. 카드 연체를 알리는 문자였다. 아버지 임플란트 할부에 어머니 허리디스크 수술비에 동생 학자금 대출까지, 가뜩이나 지출이 많아 지난달엔 보너스까지 고스란히 통장에 남겨두었건만 그것도 부족했던 모양이었다. 길을 가다가 날강도를 만나 가진 것 모두를 빼앗긴 기분이었다. 죽을힘을 다해 뛰었어도 제자리에서 한 걸음도 나아가지 못하고 쳇바퀴만 돌린 셈이었다.

"휴, 언제까지 이렇게 살아야 하지?"

현성의 한숨이 더욱더 깊어졌다.

…1부…

변화의 시작, 문제는 책이 아니야

여전히 마이너스 인생

"이걸 또 언제 다 갚냐……."

현성은 기운을 내려고 억지로 웃었지만 입가가 올라가지 않았다. 카드 연체를 해결한 지 얼마 지나지도 않았는데 점심시간에 은행에 가서 마이너스 대출을 받았다. 벌써 몇 번째인지 몰랐다. 빚을 겨우 갚으면 또 빚을 질 일이 생기고, 다시 갚기 무섭게 대출받을 일이 자꾸 생겼다. 누가 '마이너스 대출'이라는 항목으로 자신의 삶을 끝없이 리셋시키는 것만 같았다.

얼마 전 어머니의 허리디스크 수술을 위해 받았던 대출금 이자와 원금을 갚는 것만도 벅찼다. 그런데 다시 1000만 원이라는 거금을 대출받고 보니 그 빚이 바윗덩어리처럼 가슴을 짓눌렀다. 통장을 보고 있자니 찍혀 있는 숫자들이 마치 '네 인생 자체가 마이너스야'라고 말하는 것 같았다. 현성은 은행을 나서며 일부러 자신의 어깨를 툭툭 두드렸다.

"에이, 요즘 빚 없이 사는 사람이 어딨어. 뭘 이 정도 갖고! 당장 굶어죽는 것도 아닌데. 다음 달이면 또 월급 나오잖냐."

그랬다. 월급은 꼬박꼬박 나왔다. 더불어 카드 명세서도 함께 나왔다. 매달 들어가는 기본적인 지출에 초과된 돈까지 생각하니 다음 달 카드 값은 생각하고 싶지도 않았다. 마음이 조금 울적해지자 달콤한 커피 한 잔이 간절해졌다. 하지만 당장 커피 값부터 줄여야 했다. 이놈의 입은 어쩌자고 고급진 맛에 길들여졌는지 모르겠다고 투덜거리면서도 발길은 저절로 단골 카페 앞에서 멈췄다.

'들어갈 것이냐, 지나칠 것이냐.'

점심 메뉴로 자장면과 짬뽕 사이에서 갈등할 때보다 지금 커피 한 잔을 살 것인지 말 것인지를 결정해야 하는 일이 현성의 마음을 한층 무겁게 끌어내렸다.

'에라, 모르겠다. 설마 커피 한 잔 마셨다고 신용불량자가 되겠어? 당장 큰일이 나는 것도 아닌데. 나를 위한 커피 한 잔 정도는 마시며 살자.'

현성은 눈을 질끈 감고 카페 안으로 들어섰다. 비록 새로 1000만 원을 대출받긴 했지만 몇천 원 하는 커피 값에 벌벌 떨고 싶지는 않았다. 그리고 지금은 무엇보다 기분을 풀어줄 달달한 당분이 필요했다.

* * *

"고 대리, 무슨 일 있나?"

"네? 아니요. 아무 일 없습니다."

"그럼 미간에 주름 좀 펴라. 어찌나 깊은지 사람도 하나 파묻겠다."

마오성 본부장의 농담에 실없이 웃음이 나왔다.

"그나저나 이번 프로젝트 시안은 언제까지 올릴 건가?"

"마무리 작업 중입니다. 내일 오전까지는 올리겠습니다."

"기대가 크니까, 잘해보라고. 최후 경쟁에서 살아남으면 더 좋고."

"네. 열심히 하겠습니다."

가볍던 미소가 쓴웃음으로 변했다. 사실 프로젝트 프레젠테이션을 팀에서 단독으로 진행하지 말고 개별 경쟁을 통해 맡자는 제안을 한 사람은 현성 자신이었다. 기획팀 내부에서 다양한 아이디어를 내고 의견을 통합해 하나의 프레젠테이션 자료를 만드는 데 공을 들이던 방식에서 벗어나 하나의 아이디어로 각자 프레젠테이션을 해본 후 그중 가장 좋은 것을 고르자는 취지였다. 기운이 넘치다 못해 뻔질 때 내놓은 제안이었다. 이런 방식은 동료들의 협업과 경쟁이 적절히 조화될 때 시너지 효과가 높았다.

현성은 이런 생각을 했던 자신을 원망하는 중이었다. 요즘처럼 먹고사는 문제로 허리가 휠 땐 신선한 아이디어는커녕 자료 분석에 집중하기조차 어렵기 때문이다. 자료를 분석하는 재능이 특별히 뛰어나지도 않았기에 남들보다 몇 배는 더 노력해야 하는 점도 부담스러웠다. 중요한 일인 줄 알면서도 좀처럼 의욕이 생기지 않았다. 통계 자료 대신 마이너스 대출금만 눈앞에서 빙빙 돌았다.

'당장 다음 달부터 어떻게 갚아나가지? 생활하기도 빠듯한데.'

묘책이 없었다. 이번 프레젠테이션을 포기하고 싶다는 무력감마저 들었다. 사무실 안을 천천히 둘러보았다. 대놓고 시끌벅적 준비를 하는 사람은 없었지만 암암리에 혼신의 힘을 기울이고 있을 게 분명했다. 물론 프레젠테이션을 잘한다고 특별히 포상이 주어지거나 보너스가 나오는 것은 아니다. 그러나 대개 그런 자리는 사장과 임원진에게 얼굴을 알리는 기회이자 잘만 하면 승진으로 가는 중요한 문 하나를 여는 기회였다.

'오늘도 일찍 퇴근하기는 틀렸구나.'

현성은 이젠 버릇이 되어버린 한숨을 푹푹 내쉬며 닫아두었던 자료 파일을 클릭했다. 폴더를 열자마자 주르르 쏟아지는 숫자들이 자신을 향해 덤벼오는 마이너스 대출금처럼 보였다.

로또에 당첨된다 한들

토요일 아침, 눈을 뜨자 머리가 깨질 듯 아팠다. 간밤에 밤늦게 집에 돌아와 혼자 술을 마시다 잠이 들었다. 시계를 보니 벌써 오전 10시였다.

"으악! 늦었다!"

대학 동기인 석재의 결혼식 날이었다. 서두르지 않으면 결혼식 하객 사진도 찍지 못할 듯했다. 한 명 두 명 결혼을 하더니 이제 결혼하지 않고 남은 동기는 자신을 포함해 손에 꼽을 정도였다.

'결혼이라…….'

사실 결혼은 생각만으로도 부담스러웠다. 부모님이 두 분의 생활을 책임지고 동생이 졸업하고 자리를 잡기까지는 좀 더 시간이 필요했다. 결혼 준비를 위한 저축은커녕 대출금과 이자를 갚는 것만으로도 빠듯한 형편이었다. 설령 결혼하고 싶은 사람을 만나게 된들 전셋집이라도 얻을 수 있을지 걱정부터 앞섰다.

"왜 이렇게 늦었냐?"

하객으로 북적이는 식장에 들어서 자리에 앉자마자 친구인 지용이 알아보고 말을 붙여왔다.

"아, 오전에 일이 좀 있어서……."

"넌 주말에도 일 하냐?"

"어 그게, 프로젝트 때문에 정신이 없다."

일부러 어깨를 으쓱해 보였다. 의기소침한 생각을 들키고 싶지 않았다.

"너 요즘 잘나간다며?"

"잘나가긴. 너희 회사야말로 이번에 코스닥 상장했던데."

"소문만 화려하지. 사내 분위기는 뒤숭숭해."

예식이 끝나고 식당으로 자리를 옮기자 오랜만에 만난 친구들의 얼굴이 많이 보였다. 자연스럽게 한 테이블에 둘러앉은 친구들은 누가 먼저랄 것도 없이 회사 이야기를 꺼내놓았다.

"요즘 안 힘든 데가 있냐? 회사가 망하지 않는 것만으로도 다행이지."

작년에 직장을 그만두고 수도권 외곽에서 작은 카페를 하고 있는 대철이가 두 사람 사이에 끼어들었다.

"야, 직장인으로 사는 것만으로도 고마운 줄 알아라."

"창업하신 사장님이 왜 그러셔?"

"어이구, 사장 두 번 하다가는 굶어죽겠다."

"왜, 네 카페 블로그 입소문 타서 잘된다며?"

"잘되기는. 누가 블로그에 악평이라도 쓸까 봐 신경쇠약에 걸릴 지경이다."

"그래도 누구 눈치 볼 사람도 없고 좋잖아."

"말이 좋아 창업이지. 하루 매출에 얼마나 신경이 곤두서는지 아냐? 소소한 일로 아내와 다투는 일도 잦고. 솔직히 지금이라도 다시 오라는 데 있으면 월급쟁이로 돌아가고 싶다. 이건 뭐 쉬는 날도 없이 1년 365일 묶여서, 감옥이 따로 없다. 이번 명절에도 일했다니깐."

대철의 표정으로 보아 농담이나 엄살은 아닌 듯했다. 분위기가 조금 가라앉은 걸 눈치챘는지 대철이 특유의 너스레를 떨었다.

"하하하. 그래도 커피 맛 하나는 끝내주니까 근처에 오면 들러."

"들르면, 공짜냐?"

"쿠폰에 도장 하나 더 찍어줄게."

그때였다. 왁자한 웃음이 사라질 즈음 현성이 물었다.

"병만이가 안 보인다?"

그러고 보니 친구들 모임이라면 빠지지 않고 참석하던 병만이가 보이지 않았다. 갑자기 모두의 얼굴에서 웃음기가 사라졌다. 대철이 조심스럽게 말했다.

"소식 못 들었어?"

"응? 왜? 무슨 일 있어? 자식, 뉴질랜드에 골프라도 치러 간 거야?"

병만은 친구들 중에서도 손꼽히는 재력가였다. 몇백억 대의 유산을 물려받아 국내외에서 운영하고 있는 고급 부티크만도 여러 개였다. 돈이 너무 많아서 사업은 취미로 한다고 우스갯소리를 할 정도였다. 그만큼 녀석은 돈 쓰는 일을 무서워하는 법이 없었다. 자신의 생일 때마다 강남의 유명 레스토랑이나 와인 바를 통째로 빌려서 파티를 열었다. 돈밖에 가진 게 없다고 해서 별명도 '돈만'으로 불렸다.

"그놈은 무슨 복을 타고난 거냐. 부럽다, 부러워."

"지금 미국에 있다는 소문이 있어."

"참 나, 미국을 무슨 안방 드나들듯 하냐."

"그게 아니고……."

대철의 말에서 그제야 이상한 기운이 느껴졌다.

"그놈 사업이 부도나서 미국으로 도피했단다. 소문은 그런데……사실은 동남아 어딘가에 있다는 얘기도 있어."

"뭐?"

믿을 수 없는 말이었다. 하늘이 무너져도 병만이 망할 일은 없을 거라고 믿었다. 태어날 때부터 입에 금수저가 아니라 다이아몬드수저를 물고 난 놈이라고 생각했다. 대기업 CEO는 바뀌어도 병만의 위치는 변할 일이 없을 줄 알았다.

"어쩌다가……. 아니, 그런데 진짜야?"

"충격이 크지? 다른 사람도 아니고 병만이가 망했다니, 아니 병만이도 망할 수 있다니."

병만의 파산 소식은 동기들 사이에 큰 충격으로 다가왔다. 무리한 투자에 탈세 혐의까지 가중되어 엎친 데 덮친 격이라고 했다. 친구들 사이에도 정확한 사실보다는 추측과 소문만 무성할 뿐이었다.

"그 정도 위기도 이겨내질 못하다니 사업가로서 능력이 있던 건 아니었나 보네."

"그게 다 돈의 힘이지, 자기 힘이었겠냐?"

"하긴. 그놈은 돈 빼면 시체였던 놈인데."

"이런 일이 생길 거라고 상상이나 했겠냐. 인생 참, 알 수 없는 거다."

뺨이라도 한 대 맞은 듯 얼얼한 기분이 들었다. 영원한 부귀를 누릴 것 같았던 친구의 몰락 소식은 2008년 리만 브라더스의 붕괴보다 충격적이었다.

"우린 그나마 받을 유산도 없는데 이제 로또라도 당첨되길 바라야 하는 거냐?"

"로또에 당첨되면 뭐가 변할 것 같냐?"

"그건 또 무슨 소리야?"

"몇백억 대 부자도 망하는 판국에 로또 20억 정도 당첨된다고 그게 얼마나 가겠냐고. 문제는 돈의 액수가 아니라 관리 능력이지."

"관리 능력이라고?"

"그래. 손바닥만 한 가게지만 그것도 사업이라고 내가 직접 운영해보니까 창업은 자본의 문제가 아니더라고. 물론 돈 많으면 좋지. 도움도 되고 든든하고. 하지만 아무리 많은 돈을 벌어도 그걸 체계적으로 운용하고 관리하는 능력을 기르지 않으면 언젠가 병만이처럼 되지 않는다는 보장 있냐?"

"……."

"아버지가 재벌이면 괜찮을 것 같냐? 내로라하는 재벌가에서 태어났지만 시대 변화에 대응하지 못해 결국 비참하게 몰락한 사람도 있었잖아. 과거의 부가 결코 안전망이 되진 않아."

"그래, 예전에 신문에서 읽은 기억이 난다. 시대가 변하긴 변했구나."

"그나저나 그 소식 들었어? 현식 선배 이번에 정리해고 당했다더라."

"뭐? 그 잘나가던 선배가?"

"잘나가던 것도 한때지. 치고 올라오는 후배들이 유학파에 기본이 석사 박사인데 배길 수가 있었겠냐?"

"참, 우리 2년 후배 경호 알지? 6개월이나 월급이 밀렸는데 결국 부도났다더라."

"애가 이제 막 첫돌 지나지 않았나?"

"그렇지. 지금 와이프가 둘째 임신 중이라는데……."

"남 얘기가 아니야. 당장 5년 안에 우리도 어떻게 될지 어떻게 아냐?"

다들 말없이 고개만 끄덕였다. 최근엔 어느 모임에 가도 정리해고 이야기가 나오지 않은 적이 없었다. 이름만 들어도 아는 친구, 선배, 후배만 해도 벌써 여럿이었다. 당장 해고될 위험은 없다 해도 방심할 수는 없었다.

'설마, 나도……. 아냐, 우리 회사는 그렇게 위험하진 않을 거야. 게다가 난 단순한 월급쟁이가 아니잖아. 자기계발도 틈틈이 하고 있고, 인맥도 신경 쓰고 있고, 책도 꾸준히 읽고 있잖아. 1년 365권 독서도 해냈고…….'

현성은 지금까지 자신이 해냈던 일들을 하나씩 떠올렸다. 열심히 살고 있으니 괜찮다고 애써 불안을 눌렀다. 하지만 마음 깊은 곳에서는 의구심이 밀려왔다.

'정말 이대로 괜찮을까?'

누구도 답해줄 수 없는 물음이 쉽게 사라지지 않았다.

"야야, 마셔. 마셔. 병만이처럼 부모 잘 만나 떵떵거리며 살던 놈도 망하는 판국에 우리가 발버둥 친다고 크게 달라질 게 있겠냐?"

"그래. 미래가 보장돼 있지 않은 바에야 하루하루 하고 싶은 일이라도 하며 살자고. 건배!"

지용이 현성의 술잔을 가득 채웠다. 현성은 따라주는 대로 술잔을 기울이면서도 미간을 있는 대로 찌푸렸다. 평소엔 달기만 하던 술맛이 오늘은 유난히 썼다.

미래가 보이지 않는다

"일어나! 어이구, 술 냄새! 어떻게 인간이 일주일 내내 술을 마시냐. 아예 이름도 바꿔, 현성이 아니라 주성으로."

"어이, 동생. 오빠 심장은 강철이 아니다. 섬세한 유리로 되어 있다고. 좀 다정하게 대해줄 순 없겠니?"

"뭐래?"

"잔소리할 거면 나가라. 잠이나 좀 더 자자."

"엄마가 밥 먹으래. 책 좀 읽고 인간이 됐나 했더니 역시 사람이 쉽게 변할 리가 없지!"

"……."

"쯧! 나와!"

현성은 끙, 소리를 내며 억지로 몸을 일으켰다. 동생 현지의 말이 짧아질 때는 고분고분하게 듣는 게 편했다.

"저건 누굴 닮아 입이 저렇게 걸어. 우리 가문엔 없는 인간상이야."

모래를 한 그릇 퍼넣은 것처럼 입안이 까칠했다. 밥 생각이 전혀 없었지만 뜨거운 김이 모락모락 올라오는 북엇국을 한 숟가락 떠넣으니 속이 좀 풀리는 것 같았다. 최근 매일같이 술을 마시는 아들을 위해 어머니는 날마다 해장국을 끓였다. 밥을 국에 말아 먹으면서도 대학 동기들과 나눴던 대화가 자꾸 생각났다. 생각할수록 앞날이 캄캄하게만 느껴졌다.

"아버지는요?"

"산에 가셨다."

"산은 무슨. 공공근로 나가셨지."

어머니가 미처 뭐라 말하기도 전에 현지가 냉큼 말을 이었다.

"아버지 요즘 일 다니세요? 몸도 안 좋으신데."

"너 혼자 힘들게 버는 게 보기 안쓰럽다고……."

"엄마도 마찬가지야. 마트에 가서 일하느라고 밤새 끙끙 앓잖아."

현지에게 눈짓을 하며 어머니가 조심스럽게 현성의 안색을 살폈다.

"집에만 있으면 뭐 하니. 운동도 할 겸 나가면 좋지."

"그러다 디스크 도지면 어쩔 건데요?"

"해보니 그렇게 힘들지 않아."

"그래도 그만두세요. 제가 더 열심히 벌면 돼요. 다음 달엔 보너스도 나오고."

"그래도 그게……. 또 대출받은 게 있잖니. 이래서 늙으면 빨리 죽……."

"엄만 또 그 소리! 그냥 집에 계세요! 제가 알아서 할 테니까!"

현성은 자신도 모르게 소리 나게 숟가락을 놓고 벌떡 일어났다. 뜨거운 덩어리가 목울대를 치고 올라왔다. 현지가 작게 중얼거리는 소리가 들렸다.

"어떡하지? 우리 집, 진짜 미래가 안 보여."

그들에겐 있고 내게는 없는 것

"잠깐 나 좀 볼까?"

갑자기 퇴근 전에 마오성 본부장이 불렀다. 새삼 가슴이 철렁 내려앉았다. 마 본부장이 말끝을 올려 부를 때는 이유가 있었다. 오차를 감안해도 부정적 피드백을 들을 확률이 99퍼센트였다. 이번 프레젠테이션을 후배인 승우에게 뺏긴 것만으로도 의기소침해 있는데 마 본부장까지 자신을 부르자 현성은 기운이 쏙 빠졌다.

마 본부장은 업무와 관련된 일에서는 한 치의 너그러움도 없었다. 적당히 봐주는 것은 상대에게 오히려 치욕을 주는 것이라고 생각하는 사람이었다. 고함을 지르거나 거친 말을 하지는 않았지만 그가 항목별로 짚어가며 날카로운 지적을 할 땐 바늘 끝 하나 들어

갈 틈이 없었다.

퇴근 시간도 지나 아무도 없는 회의실에 마 본부장과 둘만 있으려니 과거의 어떤 하루가 떠올랐다. 프로젝트에서 제외된다는 통보와 함께 마케팅팀으로 좌천당할 것이라는 소식을 들었던 때였다.

'마치 시한부 인생을 선고받은 기분이었지.'

천둥번개가 치며 비가 억수같이 내렸던 그날. 죽을 때까지 결코 잊을 수 없을 터였다.

"문제가 뭐라고 생각하나?"

마 본부장이 특유의 말투로 단도직입적으로 물었다.

"……."

"변명을 하지 않는 걸 보니 시간이 없어서도 아니고, 무엇을 어떻게 해야 할지 몰라서도 아닌 것 같군. 다른 이유라도 있나?"

"없습니다."

"이번 프레젠테이션 때문에 불렀다고 생각하나?"

"그럼 다른 이유라도……?"

"최근 성과를 낸 게 하나라도 있나? 인사고과에 반영될 것이 뭐라도 있냔 말이야."

"아, 저, 그건……."

"열심히 한다는 건 알아. 하지만 회사는 학교가 아니야. 열심히 하는 것만으로는 인정받을 수 있는 곳이 아니지. 아니 열심히 하는 건 기본이고, 돈을 받고 일하는 직장이라면 성과를 내야 하는 게 아닌가."

"물론입니다."

"최근 반 년 동안 자네의 기획안을 면밀히 살펴보았네. 기획안 자체는 나쁘지 않아. 아이디어도 괜찮고."

"감사합니다."

"하지만 입체적인 그림이 안 보여. 인상적인 부분이 하나도 없더군."

"……."

"아이디어는 아이디어일 뿐이야. 회사가 반짝이는 재기로 밥 벌어먹는 곳이 아니라는 것은 누구보다 자네가 더 잘 알고 있겠지?"

거침없이 파고드는 말에 할 말을 잃었다. 반박할 수 있는 내용이 하나도 없었다.

"이 상태로는 곤란해. 승진은커녕 지금 자리도 장담할 수가 없네."

"더 분발해서, 더 열심히 하겠습니다!"

용기를 내어 말했지만 목소리에 힘이 없었다.

"고 대리……."

뒷말을 흐리며 잠시 망설이던 마 본부장이 고개를 들며 말했다.

"자네는 여러모로 괜찮은 사람이야. 인간관계도 원만하고 일하는 태도도 평균 이상일 때가 많지. 그런데 성공하려면 반드시 갖고 있어야 하는 한 가지가 부족해. 지금의 자네는 더 이상 배가 고픈 사람으로 보이질 않아. 내가 뭘 말하는지 알겠나?"

"……."

마 본부장은 말없이 고개를 숙이고 있는 현성의 어깨를 한 번 툭 치곤 회의실을 나갔다.

* * *

'배가 고파 보이지 않는다고? 게다가 반드시 있어야 할 한 가지가 없다니?'

자리로 돌아와 의자에 무너질 듯이 주저앉았다. 진한 피로감이 몰려왔다. 손끝까지 힘이 빠지며 온몸의 기운이 빠져나가고 있었다. 안개가 낀 듯 눈앞도 자욱했다.

'이게 무슨 소리지?'

갑자기 회사 생활에 회의가 들었다. 그동안 야근은 물론 때로는 주말 근무까지 마다하지 않았다. 성실하게 일한 만큼 반드시 보답이 있으리라 믿었다. 열심히만 하면 승진은 당연한 것이라고도 생각했다. 그런데 그 믿음은 얼마나 순진한 것이었던가.

'내가 왜 이렇게 됐지?'

망망대해를 떠도는 난파선에 혼자 남은 듯 강한 외로움이 밀려왔다. 승진에 대한 확고한 자신도 없어졌다. 후배인 승우가 대리가 되고 자신보다 먼저 승진해서 상사가 되는 일을 상상해봤다. 정말 그런 일이 벌어진다면 계속 회사를 다닐 자신이 없었다. 동료들의 동정 어린 눈빛을 견뎌내기엔 자존심이 허락하지 않았다.

회사에도 그동안 대대적인 구조조정이 있었다. 익숙한 얼굴들이 떠난 자리는 낯선 인물들로 채워졌다. 기획팀만 하더라도 김 팀장과 필립이 창업을 같이하면서 퇴사를 했다. 마케팅팀에선 난희가 외국계 회사로 스카우트되면서 퇴사를 했다. 축하할 일만 있었던 것은 아니었다.

몇몇 인물은 정리해고의 대상이 되었고, 누군가는 지방으로 발령을 받아 퇴사를 하기도 했다. 현성은 다행히 살아남았지만 앞날은 누구도 장담할 수 없었다. 과장급 인력이 보강되고 팀에도 변화가 생기면서 홍보팀으로 이름이 바뀐 마케팅팀이 기획팀과 함께 전략본부로 묶였다. 총괄본부장으로 승진한 사람은 마케팅 팀장이었던 마오성이었다.

최근엔 상사나 동료보다 후배들이 더 무서운 존재였다. 현성은 요즘 들어 부쩍 치고 올라오는 승우의 얼굴을 떠올렸다. 패기만만하게 빛나는 승우는 누가 봐도 재목감이었다. 승우가 있는 곳은 그 자체만으로도 분위기가 달라졌다. 마치 뛰어난 동료였던 필립을 보는 것 같았다.

존재감으로 치자면 마 본부장도 마찬가지였다. 그는 현성에게 선망의 대상이었고 롤 모델이었다. 불가능한 일도 그가 맡으면 가능한 일이 되었다. 지칠 줄 모르는 도전 정신, 탁월한 업무 능력, 원만한 대인관계, 위기에서 특히 빛나는 관리 능력 등 모든 것이 별처럼 빛나 보였다.

'그들에겐 있고 내게는 없는 것. 도대체 그게 뭐지?'

창밖을 바라보았다. 도시 전체를 덮고 있는 어둠 사이로 밝은 불빛이 휘황찬란하게 빛났다. 어둠을 밝히는 불빛을 보며 빛나는 불빛이 자신의 미래라고 생각했지만 실제로는 빛 속에 가려진 어둠인 것 같아 불안해졌다. 현성은 도시를 가득 메운 불빛이 명멸하며 화려하게 반짝이는 것을 멍하니 바라보다가 중얼거렸다.

"불빛들 참 찬란하네. 그럼 뭐해, 흔적도 없이 사라질 텐데."

낮은 음성이 어둠 속으로 잠겨 들었다. 자신의 것이 아닌 듯 섬뜩할 정도로 차갑고 낯선 목소리였다. 책상 위에 놓인 휴대전화를 열어보았다. 저장된 이름은 수없이 많았지만 만나고 싶은 사람은 없었다. 어디로 가야 할지 길을 잃어버린 기분이었다.

다시 시작할 수 있다면

맥주를 다섯 캔이나 마셨는데도 잠이 오질 않았다. 벽에 기대어 눈을 감았다. 요즘 자신에게 벌어진 일들과 주변 상황을 떠올려보았다.

'정말이지……최악이군.'

뭔가 이뤘다는 기쁨도 잠시, 눈 깜박할 사이에 손가락 사이로 빠져나가 버리는 모래처럼 아무것도 손에 잡히는 것이 없었다. 5년 후, 10년 후엔 뭐가 달라져 있을까를 생각해보면 더 막막할 뿐이었다.

"아냐, 그래도 나 정도면 나쁘지 않지. 매달 월급 꼬박꼬박 나오고, 치고 올라오는 후배가 있지만 아직은 전세가 역전된 것도 아니고, 마 본부장님도 염려해주시고……."

현성은 일부러 긍정적인 생각을 하려고 노력했다. 마음이 우울할 때 일부러라도 좋은 생각을 하면 도움이 될 때가 많았다. 그러나 부침개보다 뒤집히기 쉬운 게 마음이라는 놈인지 금방 부정적인 생각들이 스멀스멀 기어 나왔다.

"내가 가진 게 뭐 있어. 받을 유산도 없고, 빚이나 물려받지 않으면 다행이지. 회사? 잘나가던 선배들도 줄줄이 잘리는 판국에 기껏 중소기업에 다니는 앞날을 어떻게 보장받겠어."

맥주 캔을 새로 따서 꿀꺽꿀꺽 마셨다. 좀처럼 갈증이 사라지지 않았다.

"아냐, 아냐, 그렇게 나쁘진 않다니까. 적어도 당장 회사에서 잘린 건 아니잖아. 회사에서 인간관계도 원만하고. 아직 내가 할 수 있는 일들이 많다고! 곧 승진도 될 테고."

호기롭게 맥주를 또 한 모금 들이켰다. 그러자 금방 또 다른 생각이 들었다.

"얼씨구, 야! 고현성! 승진? 승진 좋아한다. 회사는 학교가 아니라고. 열심히 하면 뭐해. 이번 프레젠테이션도 후배에게 뺏긴 판국에."

마음속에 전혀 다른 두 사람이 들어앉아 끝장 토론을 벌이는 것 같았다. 세차게 머리를 흔들었다. 어떤 목소리도 듣고 싶지 않았다. 눈을 한 번 질끈 감았다가 떴다. 어둠 속에서 방 한구석에 쌓아둔

상자들이 보였다. 이사 온 후에도 공간이 좁아 풀지 못했던 상자들이었다. 그리고 그 옆으로 책들이 빼곡하게 꽂힌 책꽂이가 보였다.

처음 독서를 하던 날들이 아스라하게 생각났다. 미옥을 만나 무조건 책 두 권을 읽기로 약속했던 일, 100일 동안 33권을 읽고 가슴 벅찬 감동을 느꼈던 일, 전문 분야 100권에 도전하는 프로 리딩을 실행하며 업무에서 눈부신 변화를 실감했던 일, 더 나아가 지후를 만나 책을 낸 CEO 10명을 인터뷰하고 1년 365권 읽기인 슈퍼리딩을 완수했던 일이 파노라마처럼 스쳐 지나갔다. 그땐 정말이지 하루하루가 생기 넘치고 보람 있었다. 이런 날이 오리라곤 생각조차 하지 못했다.

'미옥 누나에게 연락해볼까?'

하지만 현성은 이내 고개를 저었다. 연락한다고 만날 수 있는 상황이 아니었다. 마지막으로 미옥을 본 것이 벌써 1년이 넘었다. 그녀는 잘되던 헤어숍을 접고 새로운 인생 계획을 세운다며 세계여행 중이었다. 여행을 떠나기 전 미옥이 했던 말이 생각났다.

"고현성. 이제부터 나는 너의 독서 멘토가 아니다."

"아니, 한번 멘토는 영원한 멘토지, 그런 게 어딨어요?"

"여기 있지."

"……."

특유의 장난스러운 미소를 지으며 미옥은 부드럽게 설명했다.

"넌 이제 작은 강물을 지나 바다로 나가야 해. 그러니 바다에서 함께 어울릴 수 있는 사람을 만나. 나도 더 큰 바다로 가기 위해 여행을 떠나는 거니까."

"누나……."

"걱정 마. 다시 만날 테니까."

"가끔 연락해도 되죠?"

"그럼. 우린 동지잖아. 독서 동지."

"……동지."

"자주 만나든 가끔 만나든 또는 앞으로 만나지 못하는 일이 생기든 너와의 인연은 소중하게 간직할 거야. 내 마음속에 늘 동지로 남아 있을 거고. 누나 믿지?"

두 사람은 굳은 악수와 깊은 포옹을 하고 헤어졌다. 미옥을 생각하니 당장이라도 그녀가 보고 싶었다. 하지만 지금 미옥은 네팔에 있었다. 한 달 전 받은 엽서 표지엔 웅장한 히말라야 산맥이 펼쳐져 있었다. 네팔에서도 그녀는 인기 만점이라고 했다. 숙소에서 사람들의 머리를 손질해주곤 했는데 소문이 퍼져 동네 사람들도 찾아올 정도라며 그녀 특유의 건강한 기운이 뻗치는 소식을 전해왔던 것이다. 몇 달은 네팔에 머물 예정이라고 했는데 지금쯤 히말라야 산맥 어딘가를 걷고 있을지도 몰랐다.

언제까지 미옥에게 의지할 수만도 없었다. 현성은 이 답답한 상황을 벗어날 수만 있다면 맨발로 송곳 위를 걷든, 철갑옷을 입고 태평양을 헤엄쳐 건너든, 무엇이든 할 수 있을 것 같았다. 남은 맥주를 들이켜다가 별안간 며칠 전에 신문에서 읽은 기사 하나가 생각났다. 이지후 작가가 성공한 인물 2000명의 자료를 조사했다는 내용이었다.

"맞다! 이지후 작가님!"

지후는 현성을 더 큰 독서의 세계로 이끌어준 사람이었다. 우리나라에서 크게 성공한 인물들과 CEO, 재벌에 이르기까지 많은 사람들이 그에게 멘토링을 받는다는 기사를 읽을 때마다 그에게 독서 멘토링을 받은 사실을 뿌듯하게 여기곤 했었다. 심지어 그는 현성에게 아무런 대가도 바라지 않고 헌신적으로 그를 이끌어주었다. 1년 365권 독서를 한창 할 무렵, 지후가 중요한 집필에 들어가면서 연락이 잘 닿지 않았지만 현성은 무사히 미션을 완수할 수 있었다.

"그게 뭐였더라……일독과 슈퍼 리딩이 끝난 후 다음 단계가 있다고 했는데……. 그래! 일독 다음에 이독이라고 했지. 차원이 완전히 다른 독서라고 했어."

그를 만나서 이야기를 들으면 이 답답한 상황에서 무엇을 해야 할지 알 것 같았다. 현성의 마음속에 조심스럽게 한 줄기 희망이 피어올랐다.

왜 책을 읽었는지 모르겠어요

지후와 연락이 닿은 건 일요일 오전이었다. 지후가 사는 동네의 전철역 계단을 올라오자마자 녹색 치마를 펼쳐놓은 듯 넓게 뻗은 산이 보였다. 눈앞이 탁 트이는 느낌이었다. 가슴 깊이 신선한 공기를 빨아들였다.

"아, 여긴 공기부터 다르네."

지후는 바나나주스를 앞에 두고 책을 읽고 있었다. 어찌나 집중해서 읽는지 만나기로 약속을 하지 않았다면 차마 아는 척도 못하고 조용히 물러났을 것이다. 지후는 세상에서 가장 재미있는 책을 읽는 사람처럼 완전히 몰입해 있었다. 언제까지 보고 있을 수만도 없어서 조심스럽게 말을 걸었다.

"저기, 작가님. 안녕하세요? 뭐 읽고 계세요?"

"현성 씨, 오셨어요? 그냥 재미있는 책이오."

지후가 읽고 있던 책은《논어》였다.

'《논어》가 재미있다고?'

광어나 고등어처럼 맛이 있는 것도 아니고 한자로 가득 차 있어 지루하고 고리타분한 책일 거라고 생각했는데, 지후의 표정을 보면 정말 재미있는 책처럼 느껴져 왠지 흥미가 생겼다. 지후는 책장을 덮었다. 맛있는 음식을 먹다가 멈추는 사람처럼 얼굴엔 아쉬움이 묻어 있었다.

"《논어》가 그렇게 재미있는 책인가요?"

"그럼요."

현성의 물음에 지후는 미소를 지었다.

"읽어보면 알아요.《논어》의 맛을 설명해줄 수는 있지만 경험하게 할 수는 없잖아요. 그러니까 직접 한번 맛보세요!"

질문이 무색해진 현성도 덩달아 미소를 지었다. 현성은 그동안의 근황을 지후에게 털어놓았다. 1년 365권 독서를 했던 과정, 최근 자신을 찾아온 알 수 없는 허무함, 그리고 여전히 책을 읽고 있는데도 예전처럼 큰 변화를 느끼지 못하고 있다는 이야기까지 하고 나자 방구석에 꾹꾹 쑤셔놓았던 묵은 빨래들을 빨아 햇빛에 널어놓은 듯 개운했다.

지후는 변한 게 없었다. 상대가 말하는 중간에 끼어들거나 자르는 법이 없는 것도, 가끔씩 눈을 감고 고개를 끄덕일 뿐 가만히 듣기만 하는 것도 여전했다. 현성의 이야기가 끝나자 지후가 처음으로 입을 열었다.

"그래서요?"

"네?"

생각과는 다른, 아니 전혀 다른 반응이었다.

"독서를 열심히 했다는 건 알겠어요. 그런데 독서가 '과거 한때' 현성 씨의 삶을 변화시킨 이야기 말고, '지금 현재' 어떤 변화를 만들어내고 있나요?"

말문이 막혔다. 예상하지 못했던 질문에 어떤 표정을 지어야 할지, 어떤 대답을 해야 할지 혼란스러웠다.

"앞으로도 계속 책을 읽을 거고……또……."

"현성 씨, 책을 읽은 후 자신의 장점을 키우기 위해 하루도 쉬지 않고 노력하고 있나요?"

"아뇨."

"그럼, 업무에서 매번 탁월한 성과를 내고 있나요?"

"아뇨……."

"가족이나 회사를 변화시키고 있나요?"

"……아뇨……."

"1년 동안 365권의 책을 읽으신 거예요? 글자를 읽으신 거예요?"

한마디 한마디가 송곳처럼 가슴을 콕콕 찔러대는 것 같았다. 그러나 지후의 질문은 여기에서 그치지 않았다.

"현성 씨는 책을 왜 읽으세요?"

"당연히 읽어야……."

막상 대답을 하려고 보니 무슨 말을 해야 할지 생각이 나지 않았다. 물론 수많은 이유들을 알고 있었다. 책을 왜 읽어야 하냐는 주변 사람들의 질문에 수백 번, 수천 번도 더 답하지 않았던가. 독서는 취미가 아니라 필수다, 생존이다, 가장 돈을 적게 들이면서도 가장 큰 효과를 볼 수 있는 자기계발의 왕도다부터 책을 읽으면 생각이 달라지고, 생각이 달라지면 행동이 변하고, 행동이 변하면 삶의 질이 높아진다 등 3박 4일 동안이라도 침 튀기며 말할 수 있었다. 독서 간증회 같은 것이 있다면 첫 번째 증인으로 나서도 될 정도였다. 그런데 어찌된 일인지 어느 것도 자신 있게 대답할 수가 없었다.

"모르겠어요."

이것이 현성의 솔직한 심정이었다.

일독에서 이독으로

"모르겠어요. 저는 왜 책을 읽을까요?"

현성은 체념한 듯 맥없이 지후에게 되물었다. 그러나 곧 바보 같은 질문을 해버렸다는 생각에 사로잡혔다. 왜 책을 읽는지 남에게 묻다니, 한심하기 이를 데 없었다.

'작가님은 왜 책을 읽을까?'

지후는 독서를 통해 삶을 변화시킨 사람이었다. 지금까지 읽어온 책을 모두 모으면 도서관 하나 정도는 능히 채울 수 있을 것이었다. 그러나 성공한 작가고 충분히 많은 책을 읽었는데도 여전히 책을 손에서 놓지 않고 있었다.

"작가님은 왜 책을 읽으세요?"

"그러게요."

"……."

"제가 왜 책을 읽는다고 생각하세요?"

원인을 분석해달라든가, 독서의 의미를 맞혀보라든가 하는 이유에서 한 질문은 아니었다. 이번에도 역시 묵묵부답일 수밖에 없었다. 나름대로 그토록 많이, 그토록 치열하게, 그토록 고군분투하며 책을 읽었건만 '왜 책을 읽는가'라는 간단한 질문에조차 답을 할 수가 없었다.

"애초에 현성 씨가 책을 읽게 된 계기가 뭐였죠?"

먼 과거를 회상하듯 몇 년 전 처음 책을 손에 잡았던 날들을 떠올렸다. 컴컴한 실내 경마장에서 내용물이 다 빠져나간 텅 빈 자루 같은 얼굴을 하고 있던 영만 선배를 만났을 때의 충격, 신임 사장의 독서 경영에 대한 이야기를 들었을 때의 스트레스, 삶이 바닥까지 추락해서 더 이상 떨어질 데도 없다고 여겼을 때 책은 구원의 동아줄이 되어주었다.

"삶을 변화시키고 싶어서요. 생존이 걸린 문제였거든요."

"그런데 지금은요?"

"지금은……그때와는 다른 느낌이에요. 뭔가 가슴이 답답하고, 명치끝이 꽉 막힌 것 같고, 사는 게 이게 다가 아닌 것만 같고. 아, 뭐라고 정말 잘 설명할 수는 없지만, 뭔가가 빠져 있는 것 같아요."

진땀이 날 정도로 열심히 설명했다. 그러나 명확하게 설명하고 싶은 마음과 달리 입에서 나오는 언어는 빈약하고 모호했다. 느끼고 생각하는 것을 절반도 다 말하지 못하고 있는 것 같았다.

"지금까지 살아남기 위한 최소한의 독서인 일독, 즉 생존 독서를 해오신 것 같네요."

고개를 끄덕거렸다. 지후의 한마디에 그동안의 고군분투가 고스란히 요약되어 있었다.

"하지만 지금은 그 이상을 원하신다는 거죠?"

"네! 바로 그거예요!"

"더 큰 목표를 갖고 싶으신 거고요?"

"맞아요!"

지후의 한마디 한마디가 속을 후련하게 했다. 마구 헝클어져 있던 서랍장이 깔끔하게 정돈된 것처럼 자신이 하고 싶은 말을 콕 집어서 하는 게 신기했다.

"그럼 이제 '이독'을 시작할 때가 되었네요. 현성 씨가 지난 시간 동안 해왔던 일독은 독서의 첫 번째 단계(一讀)이자 매일 하는 독서(日讀)였죠. 생존을 위한 독서이자 독서 습관을 잡기 위한 것이었고요. 이독은 두 번째 단계의 독서(二讀)예요. 동시에 지금까지와는 전혀 다른 독서(異讀)가 될 거예요. 생존을 넘어 성공의 참된 의미를 알려주는 석세스 리딩Success Reading이니까요."

현성의 눈이 저절로 크게 떠졌다. 물론 지금까지 독서를 통해 어느 정도 작은 성공의 맛을 보았다고 생각했다. 그러나 지후가 말한 '성공'에는 훨씬 더 묵직한 울림이 묻어 있었다. 우물 안에 살면서 이곳이 세계의 전부라고 믿었던 개구리 왕자가 어느 날 저 바깥에 놀랄 정도로 크고 넓은 세상이 있다는 것을 알게 된 기분이었다.

한편으로는 가슴 한쪽이 짓눌리는 기분이 들었다. 시간을 분 단위로, 아니 초 단위로 쪼개가며 책을 읽었다. 즐겨보던 텔레비전은 물론 라디오도 끄고 가끔 보던 영화도 포기하고 친구들과의 만남도 참아가면서 책을 읽었다. 보람도 있었지만 그렇다고 꼭 이렇게까지 하면서 성공해야 하는지 회의도 들었다. 갑자기 피로감이 진하게 몰려왔다.

"왜요? 이독을 생각하니 너무 힘들 것 같아요?"

현성은 자리에서 펄쩍 뛸 정도로 놀랐다. 지후에겐 독심술이라도 있는 것일까.

"사실은 너무 치열하게 사는 것에 좀 지친 것 같아요. 솔직히 말해서 이젠 좀 편하게 살고 싶어요. 게다가 지나친 독서는 오히려 회사 일에 지장을 주지 않을까요? 전 작가가 아니에요. 책만 읽으면서 살 수는 없다고요. 회사에 출근하면 산더미 같은 업무가 쌓여 있고요, 밥 먹듯 하는 야근 때문에 정시 퇴근은 꿈도 못 꿔요. 적금보다 카드빚이 더 많고요, 5년 후, 10년 후 제 미래가 지금보다 더 밝으리라는 보장도 없어요. 이런 제게 지금보다 더 열심히 독서를 하라고 하시니 인간이길 포기하라는 얘기처럼 들립니다."

현성의 말에 날카로움이 묻어 있었다. 그러나 봇물이 터진 것처럼 말을 멈출 수가 없었다. '이러면 안 되는데'라고 머리로는 생각하면서도 정상적인 사고 체계가 와르르 무너진 것처럼 제어가 되질 않았다.

"집에서 돈 버는 사람은 저 혼자예요. 부모님은 날이 갈수록 경제활동에서 멀어지실 거고, 여동생 공부도 계속 시켜야 하고, 정작 저 자신은 결혼이나 할 수 있을지 모르겠다고요."

지후는 이번에도 아무 말 없이 듣기만 했다. 자신을 바라보는 지후의 따뜻한 눈빛을 본 후에야 현성은 뒤늦게 정신을 차렸다.

"아, 죄송해요. 이런 얘기를 하려고 했던 건 아니었는데……."

두 사람 사이에 침묵이 흘렀다. 어색하고 차가운 침묵은 아니었다. 아무 말 없이 자신을 기다려주는 지후가 고마웠다. 생각을 정리하고 마음을 다시 추스르도록 배려해주는 사람이 있다는 것을 깨닫자 얼어붙은 마음이 조금씩 녹기 시작했다.

"너무……힘들어요."

"충분히 이해해요. 저도 힘든 시간을 보냈으니까요."

현성은 지후가 처음부터 유명한 작가가 아니었다는 사실을 그제야 기억해냈다. 20대 후반에 20억 원이 넘는 보증 빚을 짊어졌고,

생계 때문에 죽기보다 하기 싫은 일을 억지로 해야 했으며, 셀 수도 없이 많은 원고를 거절당했다고 하지 않았던가.

"이독이 힘들 것이라고 미리 단정하시나요?"

"당연히 힘들겠죠. 지금까지 해온 일독도 쉽지 않았으니까요."

"그래요. 이독은 힘든 독서예요. 하지만 힘들지 않은 독서이기도 하죠."

"힘들지만, 힘들지 않다고요?"

현성은 이게 무슨 말인가 싶어 지후의 다음 말을 기다렸다.

받아들일 때 비로소 보이는 것들

지후는 잠시 생각에 잠긴 표정으로 창밖을 바라보았다. 유리창 너머로 길을 걷는 사람들이 보였다. 누군가는 연신 시계를 보며 뛰어가다시피 했고, 누군가는 산책이라도 나온 듯 한가하게 걷고 있었다. 각자 인생의 어느 한 시기를 보내고 있을 터였다. 현성이 자신은 삶의 어느 지점에 서 있는가 하는 생각에 이르렀을 때 지후가 말을 꺼냈다.

"직장인으로서 현성 씨가 꿈꾸는 최고의 성공은 무엇인가요?"

"당연히 최고 경영자가 되는 거죠."

무심결에 내뱉은 말이었지만 현성은 스스로도 깜짝 놀랐다.

'자, 잠깐, 지금 내가 최고 경영자라고 했나? 고작 대리에 불과한

내가?'

여름철 에어컨을 최대한 틀어두었을 때의 전기계량기처럼 머릿속이 팽팽 돌기 시작했다. 최면에 걸린 듯 누구에게도 해본 적 없는 이야기를 술술 꺼내놓다니.

"만약 원하는 미래를 모두 이룰 수 있다면 어떨 것 같아요?"

"당연히 기쁘죠! 할 수 있는 모든 노력을 할 거고요."

"만약 노력해도 될지 어떨지 알 수 없다면요?"

"실패할 게 뻔하다면 아예 시도하지도 않겠죠."

"이룰 수 있다면 당연히 하겠지만 성공할 보장이 없다면 시도조차 하지 않겠다? 시도조차 하지 않으려는 건 실패할지도 모른다는 불안과 두려움 때문인가요?"

"아마도 그런 것 같아요."

"하지만 가능성이 있다면 자신을 믿어보고 싶은 거죠?"

현성은 결연히 고개를 끄덕였다.

"하지만 지금 생활을 해나가는 것도 힘든데 강도가 만만찮은 독서까지 해야 할 테니 생활이 너무 힘들어질까 봐 걱정이 되는 거고요?"

"네. 전 그냥 좀 편하게 살고 싶어요."

"세상에서 가장 편하게 살고 있는 사람들이 있는 곳을 알고 있어요."

"거기가 어딘데요?"

"무덤이오."

"……."

"지금 편안한 삶을 선택해서 남은 평생 힘들게 살 건지, 아니면 미래를 위한 저축이라고 생각하고 지금 좀 힘든 삶을 살 건지, 선택은 현성 씨에게 달렸죠."

"……."

"현성 씨를 보니 갑자기 생각나는 분이 있네요. 평생 편하게 살다가 늘그막에야 자신이 거지라는 것을 깨달은 한 남자가 있었어요. 그는 무려 25년이나 같은 자리에서 작은 식당을 운영했죠. 가게가 지방도로 옆에 있었기 때문에 먹고살 정도의 수입은 벌었어요. 그러다 새 도로가 생겼고 운전자들이 다른 길로 가버리는 바람에 하루아침에 파산하고 말았어요. 25년 동안 쌓아 올린 모든 것이 그의 잘못도 아닌데 물거품이 돼버린 거죠."

"진짜 억울했겠네요!"

진심으로 화가 났다. 누구라도 이런 일을 당한다면 화병으로 몸져누울 것이었다. 자연스럽게 아버지 생각이 났다. 평생을 바친 사업이 망했을 때 아버지 마음이 어땠을까.

"그래서 어떻게 되었나요?"

"식당을 정리하고 남은 돈이 고작 10만 원 정도였대요. 그의 나이 65세였죠."

"은퇴해서 인생을 즐길 나이에 파산이라니……."

"하지만 그는 그대로 주저앉지 않았어요. 새로 시작할 수 있다고 믿었죠. 보통 사람은 그대로 추락해버릴 일을 겪은 후에야 비로소 진정한 인생이 시작된다고 생각하는 사람이었으니까요. 다시 사업 구상을 했고 투자자를 구하러 다녔죠."

믿을 수가 없었다. 다급하게 물었다.

"두려웠을 텐데, 어떻게 그럴 수가 있었을까요?"

"더 이상 잃을 게 없었거든요."

"아……!"

"뭔가를 가지고 있을 땐 지키기 위해 버둥거리기 마련이죠. 하지만 두 손 가득 쥐기 위해선 우선 비워야 하는 법이잖아요."

지후가 두 손을 활짝 펴 보였다. 현성도 자신의 두 손을 물끄러미 바라보았다. 가진 것도 별로 없으면서 놓치지 않으려고 아등바등 살아왔다는 생각이 들었다.

"그래서 그분은 원하는 대로 성공하셨나요?"

"성공이 그렇게 쉬울 리가 있나요. 인생은 동화가 아니잖아요."

"그럼 역시……."

백발이 성성한 얼굴로 공원에 초라하게 앉아 있는 노인이 떠올랐다. 패기 넘치는 젊은 시절에는 인생이 그렇게 끝나리라고는 생각하지도 않았을 것이다.

"남은 돈마저 다 쓴 후에는 노숙자로 살았죠. 3년 동안이나요. 포기하지 않고 사업 제안을 할 때마다 천 번도 넘는 비웃음과 거절을 당하면서요."

"정말 쉽지 않은 인생이네요."

"하지만 포기하지 않았기에 새로운 회사를 세울 수 있었죠. 현성 씨도 아는 사람이에요."

"제가 아는 사람이라고요? 주변엔 그런 분이 없는데……."

"이름만 대면 누구라도 알걸요. 회사 이름은 켄터키 프라이드 치킨. 할아버지 이름은 창업자인 커널 샌더스예요."

한 달에 두세 번은 매장에 들러 즐겨 먹으면서도 몰랐던 이야기였다. 샌더스는 70대에 눈부신 재기에 성공했다. 편안하게 살기만을 고집했더라면 인생 말년을 비참하게 보냈을지도 몰랐다.

"어때요? 계속 편안하게 살고 싶으세요?"

고개를 절레절레 흔들었다. 편안함의 말로가 파산과 몰락이라면 절대로 맞이하고 싶지 않았다. 그래도 여전히 미련이 남았다.

"조금은 편안함도 있어야 어려운 시기를 견뎌내지 않을까요?"

"하하하. 그거야 생각하기 나름이죠."

"어떻게요?"

"이독은 힘들지만 힘들지 않은 것이라고 제가 그랬죠? 힘든 고생보다 기쁨이 더 크기 때문이에요."

"기쁨이 더 크다고요? 힘든데 어떻게 기쁠 수가 있나요?"

"첫 번째 이유는 미래를 만드는 독서이기 때문이에요. 두 번째는 가능성을 발견하는 독서이기 때문이죠. 세 번째는 나뿐 아니라 모두를 위한 독서니까요. 이기적인 성공이 아니라 사랑하는 사람들을 지키는 힘을 기를 수 있죠. 그러니 어찌 기쁘지 않을 수가 있나요?"

현성의 얼굴에서 서서히 어둠이 걷히기 시작했다. 일독에서 한 단계 더 나아간 이독이니 당연히 힘들 것이고, 그만큼 참고 견뎌야 하는 것이라고 생각했을 때는 시작도 하기 전에 허리가 휘는 기분이었는데 '기쁨'이라는 말을 듣는 순간 완전히 새로운 관점을 얻은 것 같았다.

'그러고 보니 일독 때도 그랬지.'

1년 동안 365권을 읽는 슈퍼 리딩을 시작할 때도 처음엔 그 힘든 걸 해낼 수 있을까 의문이 들었었다. 하지만 막상 한 권 한 권 읽어나갈 때의 기쁨은 그 어떤 것에도 비할 데가 없었다. 친구를 만나 술 한잔 기울이던 즐거움도 잊고 오직 독서에만 빠져들었던 이유도 그래서였다. 그리고 누구보다 현성은 그 순간의 감정을 잘 기억하고 있었다.

바나나의 역습

"한 실험실에서 침팬지가 퍼즐을 푸는 연구를 했대요."

생각에 빠진 현성을 잠시 내버려두고 한동안 눈앞의 바나나주스만 물끄러미 바라보던 지후가 엉뚱한 이야기를 꺼냈다. 뜬금없는 얘기에 순간 당황했지만 샌더스의 이야기를 들려주었던 것처럼 이번에도 분명히 메시지가 숨어 있을 것 같았다.

"침팬지가 퍼즐을 푼다고요?"

"네. 비록 인간 수준까지는 아니더라도 침팬지는 어느 정도 지적 능력이 있기 때문에 퍼즐을 푸는 즐거움을 안다고 해요. 조련사가 퍼즐을 주면 침팬지는 열심히 풀어서 조련사에게 주죠. 그러면 조련사는 또 다른 새로운 퍼즐을 주고 침팬지는 더 열심히 풀고."

"놀이라고 생각하는군요."

"맞아요. 녀석도 퍼즐을 즐기는 거죠. 그러던 어느 날 조련사가 새로운 퍼즐을 줄 때마다 바나나를 같이 주기 시작했대요."

"재미있는 퍼즐에 맛있는 바나나까지! 일석이조네요. 그래서 그 침팬지는 점점 더 퍼즐을 잘 풀게 되었나요?"

"처음엔 그랬죠. 그런데 어느 날부터 바나나를 주지 않고 퍼즐만 줬대요. 침팬지는 어떻게 했을까요?"

"음……바나나 없이 퍼즐만……침팬지가 흥미를 잃었을 것 같아요. 실망하고 화도 내고. 왜 바나나를 더 안 주는 거야! 퍼즐을 열심히 푼 대가로 바나나를 주라고! 바나나, 바나나! 막 이럴 것 같아요."

침팬지 표정까지 지으며 열변을 토하는 현성을 보며 지후는 웃음을 터뜨렸다.

"하하하. 침팬지 마음은 그렇게 잘 알면서 정작 본인의 독서가 힘들었던 이유는 왜 모르세요?"

"네……? 아!!!!!!!!"

순간 현성은 100만 볼트의 전기에 감전된 듯 짜릿함을 느꼈다. 아르키메데스가 부르짖었다는 한마디, "유레카!"에 버금가는 외침이었다. 그제야 지후가 왜 바나나와 침팬지 이야기를 꺼냈는지 촉이 왔다.

'달콤한 바나나!'

자신에게도 독서 자체가 재밌었던 적이 있었다. 하지만 어느 순간부터 독서는 의무처럼 느껴지기 시작했다. 책을 읽어도 예전의 '기쁨'은 더 이상 생기지 않고 부담감만 커져갔다. 하지만 포기할 수 없었다. 자신과의 약속이었기 때문이다. 시간이 흘러 독서 자체의 기쁨을 잃어버린 현성은 단지 '책을 읽어야 하는 사람'일 뿐이었다.

'그게 문제였을까?'

회사에서 자신을 바라보는 사람들의 시선 하나하나가, '독서로 인생을 바꾼 고현성'이라고 추켜 세워주는 말 한마디 한마디가 사실은 '인정과 칭찬'이라는 바나나였는지 모른다.

"침팬지는 그 후로 더 이상 퍼즐을 풀지 않았대요. 성취 동기였던 바나나가 오히려 순수한 열정과 즐거움을 빼앗아버린 거죠. 지나친 칭찬과 보상은 본질을 잃어버리게 만들죠."

"바나나의 역습이네요."

자신도 침팬지와 다를 것이 없었다. 왜 책을 읽는지, 진짜 중요한 이유는 망각한 채 주변의 인정과 칭찬에만 매달렸었다. 삶을 변화시키는 독서가 아니라 책의 권수를 채우는 데 정신이 팔려 원래 목표를 잃어버리고 껍데기뿐인 독서로 전락시켰는지도 몰랐다.

지후가 다시 말문을 열었다.

"물론 독서를 통해 보상이나 칭찬을 받으면 동기부여가 되고 성

「올해의 사원」 고현성
올해의 사원

취가 높아지는 건 사실이에요. 하지만 그건 임시방편에 지나지 않아요. 독서를 습관으로 만들 때까지만 필요한 것이죠. 내적인 동기가 부여되지 않는 행동 변화는 금방 사라질 위험이 있어요. 중요한 것은 태도, 즉 애티튜드의 문제죠."

"애티튜드요?"

"지혜로운 사람들이 공통적으로 강조하는 것 중의 하나가 애티튜드의 중요성이에요. 현성 씨는 지금까지의 독서를 통해 삶에 대해 어떤 애티튜드를 가지게 되셨나요?"

질문은 단순했지만 어려웠다.

"애티튜드는 현상과 본질에 대한 문제이기도 해요. 독서를 통해 주변의 인정을 받고, 누군가에게 선망의 대상이 되고, 실망시키지 않으려고 더 열심히 책을 읽는 것이 나쁜 건 아닐 거예요."

"하지만 그런 현상에 빠져 '책 읽는 나'라는 이미지에만 집착하게 되는 게 문제라는 거죠?"

"그렇죠. 독서의 본질은 잊어버린 채 정해진 할당량이나 채우려는 마음에 쉬운 책만 골라 읽게 되죠. 사람들과의 대화에 뒤떨어지지 않기 위해 베스트셀러만 읽기도 하고요. 또 자칫 뇌를 깨우는 책이 아니라 잠들게 하는 감각적인 책만 읽을 위험도 있어요. 게임에 중독되듯 불완전한 독서에도 쉽게 중독되거든요."

"불완전한 독서요?"

"자신을 변화시키지 않는 독서를 말하는 거예요. 영양가는 없이 칼로리만 높은 정크 푸드로 배만 채우면 된다는 식으로 마구 먹어대는 것과 비슷하죠. 1년 365일 콜라와 햄버거만 먹으면 어떻게 될 것 같으세요?"

생각만 해도 끔찍하고 무서웠다. 그건 식사를 하는 것이 아니라 자신을 죽이는 일이었다.

"결국 초심으로 돌아와 어떤 책을 읽든, 어떤 방식으로 독서를 하든, 중요한 건 내가 왜 독서를 하는지 독서의 본질을 자신에게 치열하게 물어야 한다는 거예요."

"자신에게 묻는다고요?"

"네. 가장 정직하게 답해줄 수 있는 사람은 자신이니까요. 현성 씨도 이런저런 일을 겪긴 했지만 어쨌든 최선을 다해 열심히 책을 읽었다고 생각하시죠?"

"네."

그것은 사실이었다. '죽을 만큼 열심히'까지는 못 된다 하더라도 참 열심히 책을 읽어왔다고 자부할 수는 있었다.

"저도 그렇게 생각해요. 아마 누구보다 '열심히' 독서를 하셨을 거라고요."

갑작스러운 칭찬에 입가가 슬쩍 올라갔다. 조금 쑥스럽기도 했지만 칭찬은 고래도 춤추게 한다지 않던가.

"하지만 독서를 '제대로' 했는지 생각해보셨어요?"

"……?"

올라갔던 입가가 슬그머니 제자리로 돌아왔다.

"그게 다, 다른 건가요?"

"하지 않아도 될 일을 열심히 하는 것만큼 쓸데없는 일은 없죠."

"……."

"시간을 쪼개어 열심히 1년에 365권을 읽은들 삶에서 실제 변화를 일으키지 않으면 무슨 소용이 있겠어요?"

통렬한 물음 앞에 고개가 툭 떨어졌다. 솔직히 고백하면 권수를 채우기에 급급해서 내용을 충분히 음미하지 못한 적도 많았다. '수박 겉핥기식 독서'를 들킨 것 같아 가슴이 뜨끔했다.

"독서는 단순히 글자를 읽는 것과는 달라요. 어느 시점에선 다독도 중요하죠. 하지만 그것보다 더 중요한 건 독서를 통해 생각을 변화시키고, 행동을 바꾸고, 자신이 품었던 꿈을 현실로 만들어내는 거예요. 바나나의 역습을 당하지 않으려면요."

마음의 바다에 책을 띄우다

주스를 다 마신 지후가 배고프지 않냐며 베이글 샌드위치 두 개를 주문했다. 햄과 치즈가 가득 들어 있는 샌드위치는 보기에도 먹음직스러워 보였다.

"반으로 나뉜 이 베이글처럼 우리 머리에도 두 개의 뇌 반구가 있죠. 좌뇌와 우뇌의 기능이 다르고요."

현성은 '우뇌형 인간', '좌뇌형 인간'이라는 말을 떠올렸다.

"좌뇌는 언어와 수리를 주로 담당하고 우뇌는 시각과 공간 감각을 담당하죠. 현성 씨는 이름과 얼굴 중에 어느 것을 더 잘 기억하는 편이세요?"

"음……얼굴이오. 한번 본 얼굴은 대체로 잘 잊지 않아요. 특징

같은 걸 잘 기억하거든요. 그럼 전 우뇌를 더 많이 쓰는 편인가요?"

"그렇다고 볼 수 있죠. 재미있는 건 오른쪽 눈이 본 건 왼쪽 뇌에서 처리하고 왼쪽 눈이 본 건 오른쪽 뇌에서 처리한다는 거예요. 다행히 두 개의 뇌를 뇌량이라는 신경 다발이 연결하고 있기 때문에 우리는 통합된 정보로 받아들이는 거죠."

"그러니까 뇌량은 좌뇌와 우뇌를 이어주는 다리 같은 거네요?"

베이글과 베이글 사이에 있는 햄과 치즈의 맛을 느끼며 우뇌와 좌뇌를 연결하는 뇌량을 떠올렸다. 맛있는 베이글 샌드위치를 먹으며 '뇌량'이라는 어려운 전문 용어를 떠올릴 줄은 꿈에도 생각해본 적이 없지만 말이다.

"그런데 뇌량을 자르면 어떻게 되는지 아세요?"

"……?"

차라리 베이글과 베이글 사이에 왜 햄과 치즈를 넣는지 아냐고 물었다면 입이라도 벙긋해볼 수 있었을 것이다. 하지만 뇌량을 자르면 어떻게 되는 줄 아냐니. 살면서 단 한 번도 생각해본 적이 없던 질문이었다. 지후를 만나면 편안함을 느끼면서도 긴장을 풀지 못하는 건 바로 이런 질문을 맞닥뜨릴 때가 많았기 때문이다. 익숙하게 생각하던 대로가 아니라 다른 식으로 생각해야 했다.

"우뇌 정보 따로 좌뇌 정보 따로? 설마 내 안에 두 사람이 살게 되는 건 아니겠죠?"

재미있기도 하고 궁금하기도 했다. 그러나 정작 지후는 방금 한 질문은 까맣게 잊은 듯 또 다른 질문을 했다.

"만일 현성 씨가 지금 카페를 창업하게 된다면 무엇을 제일 먼저 준비하시겠어요?"

"카페 창업이오……?"

'베이글 샌드위치'에서 '좌뇌와 우뇌를 연결하는 뇌량'을 건너 갑자기 '카페 창업'이라니. SF 영화에서나 볼 수 있는 시공간의 워프만큼이나 갑작스러웠지만 물음에 성실하게 대답했다.

"우선 장사가 잘되는 카페들을 먼저 둘러보겠어요. 분위기, 맛, 손님들의 평가 등을 현장에서 가장 생생하게 포착할 수 있을 테니까요. 그리고 가능하면 경영자를 만나 이야기도 듣고 성공 요인의 공통점도 뽑아보겠죠. 프랜차이즈가 좋을지 단독 영업이 좋을지도 생각해보고요. 창업 세미나에 참가하면서 직접 커피나 서브 메뉴에 대해 공부도 하겠죠. 생각하고 움직이고 배워야 할 게 엄청나게 많을 것 같네요."

"역시 그렇죠?"

"저기, 작가님, 그런데 왜 그런 질문을 하시는 건가요?"

"……."

"아니, 그러니까, 뇌 이야기와 카페 창업이랑 무슨 연관이 있나 해서요."

"현성 씨가 보기엔 이 두 이야기 사이에 어떤 연관이 있는 것 같은데요?"

'제가 묻고 싶은 게 바로 그거거든요!!!!!'

현성은 속으로 절규했다. 세상에서 가장 무능한 탐정이라도 된 듯한 기분이 들었다. 도대체 두 개의 뇌와 좌뇌 우뇌를 연결하는 뇌량과 카페 창업 사이에 무슨 연관이 있냔 말이다.

"……모르겠어요."

정말이지 지후만 만나면 평소 자신감 넘치는 '느낌표 팍팍 고현성'은 어디 가고 어리바리한 '물음표 질질 고현성'만 나타나는 것인지 알 수 없는 노릇이었다. 그렇다고 지후가 어마어마한 지식으로 상대편의 기를 팍 죽이는 것도 아니었다. 아무리 많은 독서를 한 지후라고 해도 읽은 책보다 안 읽은 책이 훨씬 더 많을 것이었다.

'그런데 왜, 이 사람 앞에만 서면 한없이 작아지는 걸까?'

현성은 진심으로 이유를 알고 싶었다. 그러나 자신도 어렴풋하게나마 알고는 있었다. 번번이 기가 죽는 이유는 지식의 차이가 아니라 생각하는 방식에 있었다. 지후는 말을 어렵게 하는 사람이 아니었다. 어려운 단어를 쓰지도 않았다(물론 오늘처럼 '뇌량' 같은 말은 예외라 해도). 하지만 그는 현성이 한 번도 해보지 못한 방식으로 생각하곤 했다. 발상 자체가 다른 것 같았다. 책에서 읽은 내용을 그대로 외워서 말하는 앵무새가 아니라 독특한 관점으로 다시 해석하고 자신만의 언어로 표현했다.

'바나나, 베이글 샌드위치, 뇌, 카페……. 모르는 단어가 어디 있냐고! 그런데 이걸 어떻게 연결해야 하지?'

현성은 지금까지 나눴던 대화의 흐름과 맥을 다시 기억했다. 곰곰이 생각하니 서서히 퍼즐이 맞춰지듯 하나의 그림이 그려졌다.

'아! 그래! 맞다!'

무릎을 탁, 쳤다. 지후는 정답을 요구하지 않았다. '생각'을 물었다. 그러니 대답이 맞느냐 틀리냐를 고민할 필요는 없었다. 그것에 대해 '어떻게' 생각하느냐가 더 중요했다.

"아무리 맛있는 베이글 샌드위치라도 씹어 먹어야 맛을 알죠. 두 개의 뇌가 있어도 이어져 있어야 제 역할을 하죠. 창업에 성공하려면 현장부터 직접 가봐야 알 듯, 책도 그냥 읽는 것만으로는 부족한 것 같아요."

현성은 천천히 신중하게 대답했다. 지후가 어느 때보다 환한 미소를 지었다. 어떤 말보다 힘이 되는 미소였다.

"카프카는 이런 말을 했죠. 한 권의 책은 우리 안의 얼어붙은 바다를 부수는 도끼여야 한다고. 책을 읽고 우리 안의 무언가가 깨지지 않는다면, 다시 말해 아무 변화도 일으키지 않는다면 굳이 독서를 해야 하는 이유가 있을까요?"

"책이 문제가 아니군요."

"네. 핵심은 바로 그거예요. 수동적으로 남의 글을 받아들이기만 하는 게 아니라 능동적으로 어떻게 읽고 무엇을 끄집어낼 것인가 고민하는 것이야말로 독서의 본질이죠. 쓰는 것을 고민하는 건 작가의 몫이겠지만 세상에 나온 책은 철저하게 읽는 사람의 몫이니까요."

"읽는 사람의 몫이라……."

"아무리 맛있는 베이글 샌드위치라도 눈으로만 보고 먹지 않는다면 맛을 어떻게 알겠어요? 뇌가 두 개가 아니라 10개, 20개라 해도 통합되지 않는 정보는 혼란만 줄 뿐이죠."

"1년에 365권이 아니라 3650권을 읽어도 삶의 변화를 이끌어내지 못한다면 독서의 의미가 없다는 뜻인가요?"

"취미로 하는 독서가 아니라 정말로 자신의 삶을 변화시키고 싶은 마음에 하는 독서라면요. 카페 창업을 생각해본 것도 같은 맥락이에요. 내 사업을 할 때와 남의 사업장에서 월급을 받는다고 생각할 땐 마음가짐 자체가 다르잖아요. 독서도 마찬가지 아닐까요?"

남의 이야기로 읽고 말 것인가, 인생을 바꿀 지침을 찾아낼 것인가. 생각 없이 읽을 때와 행동을 결정하면서 읽을 때는 확실히 느낌이 달랐다. 중요한 것을 잊어버렸다가 다시 찾은 것만 같았다.

헤어지기 전 지후는 이런 말을 했다.

"사람은 언젠가는 모두 죽어요. 그렇다면 가만히 있다가 녹슬어

쓸모없어지기보다 차라리 열정적으로 움직였기에 닳아 없어지는 삶을 선택하는 게 낫지 않겠어요? 자기 자신에게 그런 삶을 허락하는 것! 그보다 더 멋진 일이 또 있을까요?”

이독을 위한 준비

오전 4시 50분. 알람이 울리기도 전에 눈이 번쩍 떠졌다. 지후를 만나고 돌아온 일주일 동안 현성은 그와 나눴던 대화를 곱씹으며 마음을 다잡고 생각을 정리했다.

'제대로 독서를 했는가?'

이 질문 앞에서 발가벗은 채 광장에 서 있는 듯한 기분을 느꼈던 그 순간의 생생함, 무조건 책을 열심히 읽으면 인생을 변화시킬 수 있다고 믿었던 어리석음에 대한 반성, 목표 없는 독서는 망망대해에서 방향도 없이 열심히 노만 젓는 것과 같다는 깨달음 등이 다시 사무쳤다.

실천 없는 독서는 의미가 없었다. 노트를 펼쳤다. 먼저 요즘 무기력하고 지쳐 있던 생활을 한번 점검해볼 필요가 있었다. 펜으로 하나씩 써내려갔다.

나의 미래 체크

1. 하루 중 몇 시간을 미래를 위해 투자하고 있는가?
2. 월급 중 얼마를 미래를 위해 투자하고 있는가?

첫 번째 항목에 답하기 전에 하루를 어떻게 보내고 있는지 써보았다. 하루 24시간을 어떻게 쓰고 있는지 시간, 분 단위로 세부 항목을 적어보니 생각하는 것과 실제 숫자로 보는 것은 하늘과 땅만큼이나 큰 차이가 있었다. 출근, 업무, 동료와의 수다, 점심, 잠깐 동안의 휴대전화 게임, 퇴근, 텔레비전 시청, 인터넷……. 하나씩 쓰다가 현성은 소스라치게 놀라고 말았다. 어느새 독서를 하기 전의 생활로 완벽하게 돌아가 있었던 것이다.

'세상에! 내 딴에는 열심히 살고 있다고 생각했는데…….'

막상 적고 보니 압도적으로 많은 시간들이 알게 모르게 의미 없이 빠져나가고 있었다. 하루의 3분의 1은 잠자는 시간이었고, 3분의 1은 업무였으며, 나머지 3분의 1은 중요하지도 않고 필요하지도 않은 일들로 가득 채워져 있었다.

"설마! 말도 안 돼! 그럼 두 번째 질문은?"

직접 눈으로 확인한 결과는 충격적이었다. 생활비라고 뭉뚱그려 쓰지 않고 자세하게 세분화시켰다. 대출 이자, 통신비, 식비, 의류비, 경조사비, 커피 값 외에도 아무 생각 없이 지출한 돈이 제법 많다는 것을 발견했다. 어딘가에 월급만 뜯어먹고 사는 피라냐 떼라도 있는지 돈은 통장에 들어오기 무섭게 사라졌다.

돈을 어디에 주로 쓰고 있는지를 보면 자신의 미래를 어떻게 생각하는지 정직하게 보게 된다고 했다. 또 1년 후, 3년 후, 5년 후에 얼마를 벌어 어떤 계획으로 쓸 것인지 계획을 세울 수 있게 된다고도 했다. 그러나 현성은 자신이 써놓은 숫자에서 무엇도 발견할 수 없었다.

나름대로 성실한 삶을 꾸리며 살고 있다고 생각했다. 독서를 통해 많은 변화를 이루었다고도 믿었다. 그러나 빨간색 펜으로 쓴 '0'이라는 숫자가 "이것이 지금 당신의 현재입니다!"라고 말하고 있는 듯했다.

'내가 참으로 오만했구나.'

책을 제대로 읽지도 못했으면서 독서깨나 했다고 어깨에 힘만 주고 다닌 꼴이었다. 독서에 대한 태도부터 점검해볼 필요가 있었다. 어떤 식으로 책을 읽어왔는지 예전 기억부터 쭉 돌이켜보았다.

"아! 이런! 그랬구나!"

더 많은 책을 읽으려면 부족한 시간을 쥐어짜내야 한다고 생각했다. 그래서 신경이 날카롭게 곤두선 쌈닭처럼 투쟁하듯 싸우려고만 들었다. 당연히 독서는 피곤한 것이 될 수밖에 없었다. 이 생각에서 벗어나지 않는 한 독서와 삶을 공존시키기는 불가능해 보였다.

그러나 다시 한 번 시작해보고 싶었다. 샌더스도 70세가 넘어 인생 최대의 성공을 거두지 않았던가. 자신은 그보다 몇 배는 젊은 나이였다. 현성은 지후와 나누었던 대화를 떠올렸다.

"이독을 실패하면 어떡하죠?"

"다시 시작하면 되죠."

오만가지 걱정 끝에 나온 물음에 대한 대답치고는 너무나 단순했다. 그러나 이상하게도 걱정이 사라지고 마음이 가벼워졌다.

"언제든 다시 시작할 수 있다는 것, 그것 또한 독서의 장점이죠."

"책이 읽기 싫어져도요?"

"다시 읽으면 돼요."

"엉터리로 읽었다는 회의가 들어도요?"

"다시 읽으면 돼요."

"책을 읽어도 전혀 변한 것 같지 않아도요?"

"그래도, 다시 읽으면 돼요. 누구라도 성공이라는 목표에 반드시 도달할 수 있어요. 중간에 멈추지만 않으면요."

흔들림 없이 대답하는 지후의 말에 가슴 깊은 곳에서부터 차오르는 안도감을 느꼈다. 정말 듣고 싶었던 말은 독서의 테크닉이나 스킬이 아니었다. 다시 살아갈 힘을 주는 말이었다.

"멈추지만 않는다면 도달할 수 있다."

천천히 따라서 말하는 현성을 보며 지후가 부드럽게 덧붙였다.

"과거는 과거일 뿐이에요. 정말 중요한 건 현재의 마음이고, 지금 하는 독서야말로 성공 세포를 만드는 독서지요."

현성은 작심삼일로 끝나더라도 다시 3일마다 시작하면 된다고 각오를 다졌다. 가방 속에 책을 넣고 평소보다 일찍 집을 나섰다. 전철을 타니 독서를 막 시작했을 때의 모습이 떠올랐다. 밥을 먹으면서도, 버스와 전철을 타면서도, 심지어 길을 걸을 때조차 손에서 책을 놓지 않았던 날들이었다. 말 그대로 '독서에 미친 인생'이었다.

"성공 세포를 만드는 석세스 리딩, 이독(異讀)! 내 몸에 성공 DNA를 만드는 거다!"

회사로 가는 발걸음이 저절로 빨라졌다. 참지 못하고 뛰기 시작했다. 아드레날린이 마구 방출되는 듯 신이 났다. 그렇다. 다시 시작할 수 있었다. 언제라도, 어느 곳에서라도.

…2부…

끝까지 달리기 위해 필요한 독서의 기술

성공 세포를 키우는 세 가지 방법

심기일전해서 매일 독서를 하기로 결심했지만 책 한 권은커녕 글 한 줄 읽을 수 없는 날들이 이어졌다. 책상 위에는 당장 처리해야 하는 업무가 쌓여 있었다. 며칠 동안 출장 갈 일이라도 생기면 독서할 시간은 흔적도 없이 사라졌다. 사실 당장 읽어야 할 책보다 발등에 떨어진 업무가 급했다.

그렇게 2주일이 지나자 초조해지기 시작했다. 결심만으로는 일상이 획기적으로 변하지 않았다. 마음에 바람만 잔뜩 들었다가 허무하게 끝나는 것은 아닌지 자책감도 들었다. 오히려 마음처럼 하지 못한다는 스트레스가 어깨를 잔뜩 억누르고 있었다.

'생각보다 쉽지 않네. 역시 너무 힘든 계획인 걸까?'

그렇다고 지후에게 SOS를 치기엔 너무 염치가 없었다. 어린아이도 아닌데 할 수 있는 만큼의 노력은 하고 싶었다. 거창한 목표를 세우는 대신 눈높이를 낮추고 '하루를 성실하게 보내는 것'을 목표로 삼았다. 매일매일 시간을 어떻게 보냈는지 한 시간 단위로 기록했다. 계획대로 되지 않는 일도 많았지만 시간을 컨트롤하고 있다는 안도감은 가질 수 있었다. 그러나 잠들기 전 수첩을 보면 알게 모르게 새어나간 시간들이 여전히 많았다.

'시간 관리 방법을 모르고 있는 걸까?'

최대한 시간을 알뜰하게 써서 독서 시간을 확보하려 해도 도무지 틈이 나지 않았다. 점심시간에 팀원들과 어울리지 않고 혼자 책을 읽는다고 사무실로 들어올 수도 없는 노릇이었다. 회식이 있는 날 저녁이면 독서는 완전히 포기해야 했다.

이밖에도 이유는 많았다. 결혼식, 돌잔치, 장례식, 환갑잔치 등 어떨 땐 일주일에 두세 번씩 낮 시간과 저녁 시간을 저당 잡히기도 했다. 하루 종일 업무에 시달리다 집에 돌아와 책상 앞에 앉으면 서너 장을 넘기기 전에 잠이 쏟아졌다. 어느 날은 책상에 고꾸라진 채 잠이 들기도 했다. 부풀었던 희망은 어느새 어디론가 사라지고 의욕이 꺾였다.

'꼭 이렇게까지 해야 할 이유가 있을까?'

피곤에 지친 날이면 다시 의문이 들었다. 지후와 자신은 다른 길을 가고 있다는 생각도 들었다. 책을 읽을 시간에 차라리 업무에 더 큰 열정을 쏟는 것이 성공을 향한 지름길인 것 같았다.

'아냐, 그래도 독서가 필요하다는 건 이미 경험해봐서 알잖아.'

현성은 도무지 갈피를 잡을 수가 없었다. 하루에도 몇 번씩 생각이 엎치락뒤치락했다. 차라리 독서에 대한 미련을 깨끗이 버릴 수 있으면 좋으련만 포기할 수도 없었다. 독서를 통해 성공한 사람들의 이야기가 떠오르면 어느새 슬그머니 책장에 눈길이 갔다.

그러던 어느 날, 지후에게서 이메일을 보냈다는 문자가 왔다.

현성 씨, 성공 세포를 키우는 하루하루를 보내고 계신가요? 본격적인 이독으로 들어가기 전에 성공하는 사람의 마인드를 키우는 훈련을 해보시길 바랍니다. 매일 이독 노트를 쓰고 이독 스크랩을 만들고 감사 일기를 적으세요. 세 가지를 통해 긍정 근육이 튼튼하게 붙으면 성공 세포가 몸과 마음 깊숙이 뿌리를 내릴 겁니다. 자세한 내용은 첨부 파일로 보냅니다.

당신의 성공적인 이독을 지지합니다.

짧은 메일이었지만 힘이 되는 내용이었다. 새삼 고마운 마음이 들었다. 긍정적인 마인드가 얼마나 중요한지는 현성도 잘 알고 있었다. 좌절과 절망이 아예 없기를 바라는 것은 헛된 기대였다. 그보다는 좌절과 절망 속에서도 긍정의 힘으로 다시 일어나는 시도를 하는 것이 나왔다.

생각해보면 지후가 자신을 이렇게까지 도울 이유는 어디에도 없었다. 그런데도 그는 자신이 줄 수 있는 모든 것을 기꺼이 나눠주고 있었다. 이유를 알고 싶었다.

"다음에 만나면 꼭 물어봐야지."

현성은 서둘러 첨부 파일을 열었다. 새로운 미션을 꼼꼼하게 읽었다. 이독 노트를 쓰는 법과 이독 스크랩을 만드는 법 그리고 감사 일기를 쓰는 법에 대해 읽고 나니 '하루를 성실하게 보낸다'는 것이 얼마나 추상적인 목표였는지 헛웃음이 났다. 허당이 따로 없었다. 이제야 구체적으로 무엇을 해야 할지 눈에 보이는 것 같았다.

미래를 만드는 지도

: 석세스 리딩 노트 :

첨부 파일을 출력해 '고현성의 이독(異讀): 석세스 리딩 노트'라고 이름 붙인 노트의 첫 장에 붙이고 매일 읽었다. 처음 며칠은 시간이 걸리고 시행착오도 겪었다. 하지만 방법을 익히고 나자 조금씩 익숙해졌다.

이독 노트

매일 읽은 책의 독후감과 실천 사례를 기록하는 내용으로 이독 노트를 채우세요. 지금 내가 무엇을 하고 있는지, 어디로 가고 있는지 지표가 되어줄 겁니다. 기억하세요. 현성 씨의 하루는 그냥 하루가 아닙니다. 성공으로 가는 하루입니다.

1. 마음에 드는 노트를 산다.

2. 책을 읽은 후 떠오르는 대로 느낀 점을 쓴다.

3. 맨 마지막에 한 문장으로 자신의 생각을 정리한다.

4. 지금 당장 필요한 한 가지 행동을 선택한다.

5. 한 가지 생각과 한 가지 행동을 매일 실천하면서 습관으로 몸에 익힌다.

One thought, One action.

하나의 생각, 하나의 행동.

* * *

"뭘 그렇게 열심히 써?"

아침에 읽은 책에서 필요한 내용을 뽑아 집중해서 쓰느라고 동생 현지가 들어오는 것도 몰랐다. 쓰던 것을 멈추고 과일 접시를 받아들었다.

"그런 게 있어."

책상 위에 놓인 책을 흘끔거리던 현지가 깜짝 놀라며 물었다.

"그런 거 뭐? 망각 곡선? 이게 무슨 책이야? 오빠! 벌써 치매 왔어?"

현지는 진심으로 깜짝 놀라는 표정을 지었다.

"하하하. 아직은 이 오라버니 머리가 쓸 만하니 걱정 마라. 에빙하우스라는 심리학자의 연구 결과야. 사람의 기억력에 대한 이야기이고."

"기억력?"

현지의 눈이 반짝였다. 대학생인 동생에게도 도움이 되겠다 싶어 이야기를 꺼냈다. 이독 노트를 쓴 지 일주일이 지났다. 매일 20분씩 자신의 꿈을 세밀하게 스케치하는 작업은 피곤할 때 더 큰 힘이 되었다.

"에빙하우스는 기억을 연구했던 독일의 심리학자야. 실험 결과 한 번에 집중해서 공부하는 것보다 나눠서 반복하는 게 효과적이라는 것을 발견했지."

"음, 그래?"

"요즘 시험 기간이지? 공부는 어떻게 하고 있니?"

제법 오빠다운 목소리로 물었다.

"하루에 한 과목씩, 뿌리를 뽑는 방식으로."

"잡초냐, 뿌리를 뽑게."

"그런데 이상해. 공부를 많이 했는데도 다음 날이면 기억나는 게 별로 없어."

현성은 공감의 미소를 지었다. 자신도 그랬다. 책을 읽어도 다음 날이면 기억에 남는 내용이 별로 없었다. 처음엔 머리가 좋지 않아서라고 생각했다. 하지만 잘못된 학습 방법이 문제였다.

"지극히 당연한 거야. 학습을 하고 10분 뒤부터 망각이 시작되거든."

"뭐? 10분 뒤?"

"그래. 한 시간 뒤엔 50퍼센트, 하루 뒤엔 70퍼센트, 한 달 뒤엔 80퍼센트를 망각하게 되지. 그래서 복습이 중요한 거고."

"진짜? 한번 공부했던 건 보기도 싫어서 다신 안 봤는데."

"……그래 갖고 졸업은 하겠냐?"

"오빠도 한 졸업인데?"

현지가 혀를 내밀며 자신 있게 말했다. 하긴 평균 2점대 학점을 받았으니 할 말이 없긴 했다.

"그래서 어떻게 복습하는 게 좋은데?"

"한 시간 공부한 걸 10분 후에 복습하고, 하루 뒤에 다시 복습하고, 한 달 뒤에 다시 복습하는 게 가장 좋대. 그러면 기억이 장기화되어 머릿속에 오래 남는다더라."

"결국 분산해서 반복 학습하는 게 효과가 높다는 거구나!"

"그렇지. 너도 한번 실험해봐."

"알았어. 살다 보니 이런 날도 오네."

현지는 오빠에게 이런 얘기를 듣는 게 의외라는 듯한 표정으로 방을 나갔다. 현성은 과일을 먹으며 쓰던 글을 다시 읽었다. 성공에 대한 꿈과 이야기를 반복해서 읽고 쓰는 게 왜 중요한지 어렴풋이 알 것도 같았다. 상기하지 않으면 일상에 매몰되어 잊게 될 터였다. 이독 노트는 미래를 만드는 지도였다. 계속해서 상세하게 샛길을 만들고 다듬을 필요가 있었다.

“건물에도 설계도가 필요한데 하물며 사람의 미래야!”

오늘 아침에 읽은 책은 기억과 망각에 관한 것이었다. 기억법은 업무를 처리하고 할 일을 잊지 않는 데 바로 활용할 정도로 도움이 되었다. 현성이 이독 노트 마지막에 쓴 내용은 다음과 같았다.

성공한 사람들은 모두 메모광이었다.

액션! 생각나는 즉시 바로 기록한다.

매일 아침에 적은 것을 점심시간에 한 번, 잠들기 전에 한 번 더 확인하고 부족한 것이 있는지, 무엇을 보완할지 추가할 것이 생기면 이독 노트에 썼다. 일주일 단위로 점검하면서 목표를 향해 제대로 가고 있는지도 확인했다. 이렇게 방향을 잡은 것은 브루스 제너의 이야기를 다룬 책에 영향을 받아서였다.

1972년 올림픽 10종 경기에서 소련의 니콜라이 아빌로프가 8454점으로 세계 신기록을 세웠을 때 제너는 이런 생각을 했다.

‘내 인생이 바뀌는 결정적인 순간이었다. 내가 1976년 올림픽 때

저 승리의 제단에 서 있는 모습이 보였다. 그 순간 나는 할 수 있다는 것을 알았다. 내가 금메달을 딸 수 있다는 것을.'

아마추어였던 제너는 그날 밤부터 4년 동안 목표를 이루기 위해 전력을 다했다. 밤에 잠자려고 누워도 잠을 잘 수가 없었다. 이불 속에 누워 있는 시간조차 아까웠다. 어떤 일을 결정할 때마다 이렇게 물었다.

"이 일이 내가 올림픽에 나가 금메달을 따는 데 도움이 되는가?"

그는 결국 올림픽에서 당당히 금메달을 땄다. 그뿐만이 아니었다. 8618점이라는 세계 신기록을 세웠다. 제너의 이야기를 알게 된 날, 현성은 이독 노트에 이렇게 썼다.

원하는 미래를 만들겠다고 맹세했다면 그 맹세에 맞는 결정을 하자.

액션! 매일 이독 노트에 하루를 어떻게 보냈는지 실천 사례를 쓴다.

긍정 마인드 훈련

: 석세스 스크랩 :

이독 스크랩은 이독 노트를 쓰는 일보다 품이 많이 들고 어려웠다. 지후는 무명 작가 시절 성공한 작가 60명의 파일을 만들어 매일 읽었다고 했다.

'좋아! 성공한 경영자 60명의 파일을 만드는 것을 목표로 삼자.'

완성하기만 하면 무엇보다 든든한 성공 정보 시스템이 될 것이었다. 과정은 힘들겠지만 가치는 충분했다. 이독 스크랩에 대한 미션을 꼼꼼히 읽었다.

이독 스크랩

기자가 만들어주는 정보, 피디가 만들어주는 정보만 자신의 뇌에 쌓을 필요가 있을까요? 타인이 만든 정보를 그대로 받아들이기보다 자신을 위한 정보는 스스로 찾아보세요. 적극적으로 탐색하세요.

1. 넉넉한 크기의 파일을 산다.
2. 한 달에 한 명씩 자신이 동경하는 성품을 지녔거나 인생의 업적을 성취한 사람들 중 지금 현재 역할 모델이 될 만한 인물을 찾는다.
3. 자서전, 평전, 기사, 연설문 등 그 사람에 대한 자료를 찾아 스크랩한다.
4. 실제로 그의 성공을 가능하게 한 힘, 생각, 영향력을 찾아서 정리한다.
5. 다른 사람들에게 자신 있게 그에 대해 설명할 수 있을 정도로 깊이 분석하고 공부한다.

If you can dream it, you can do it.

꿈을 꿀 수 있다면 당신은 그것을 할 수 있습니다.

이독 스크랩을 만드는 일은 확실히 자극이 되었다. 인터넷 검색으로 누군가 올려놓은 자료를 찾는다는 행위는 같았지만 자신을 위해 정보들을 발굴하고 모으는 경험은 신선했다. 회사 업무를 위해 검색을 할 때와는 또 다른 흥분을 느꼈다.

"누구를 제일 처음으로 하면 좋을까?"

회사 최고 경영자인 엄한 사장을 선택했다. 독서 경영의 기치를 내걸고 처음 부임했을 땐 커다란 스트레스를 준 인물이었지만 회사에 독서 열풍이 불었던 것이 나중엔 도움이 되었다.

"마음에서 먼저 성공해야 현실에서도 성공하는 법이죠."

지후가 했던 말이 떠올랐다. 이독 노트와 이독 스크랩은 시너지 효과를 불러왔다. 정리해서 기록하는 동안 필요한 것이 무엇인지 알게 되는 일도 생겼다. 한 명 두 명 자료를 찾을수록 그들의 공통점이 눈에 들어왔다. 인격이든 삶의 업적이든 그들의 탁월함이 태어날 때부터 갖고 있던 것은 아니라는 사실이었다.

'그래도 뭔가 남다른 점이 있었겠지. 설마 나와 같았겠어?'

어린 시절 남다른 환경에서 자랐을 것이라는 편견은 깨졌지만 그들은 여전히 다른 존재였다. 등 뒤에는 휘황찬란한 후광이 비쳤고 이마에는 명예의 전당에 새겨진 손바닥처럼 '위인'이라는 글씨가 새겨져 있는 것만 같았다.

새로운 사실도 알게 되었다. 성공한 사람들 중에는 자서전을 한 권 이상 집필한 사람들이 많았다. 언젠가는 자신도 자서전을 쓰게 될 날이 올지도 모른다고 생각하니 설레는 마음에 혼자 웃다가 정신을 차리고 주변을 둘러보는 일도 있었다.

* * *

"요즘 좋은 일 있어?"

"매일매일이 좋은 날이잖아요."

"하하하. 그런가? 비결이 뭐야?"

"책을 열심히 읽고 있어요."

"책이라……. 책 읽을 시간이 있는 거 보니 일 더 시켜도 되겠는데?"

"네? 농담이시죠?"

마케팅팀에서 일할 당시 마 본부장은 자신의 롤 모델이었다. 언젠가는 저 사람처럼 되리라는 한결같은 목표를 품게 했다. 그는 사내에서도 손꼽히는 독서광이었다. 그런데 오늘 보인 행동과 말은 뭔가 이상한 느낌이 들게 했다.

'요즘 무슨 일이 있으신가?'

마음에 걸렸지만 특별히 심각하게 생각하지는 않았다. 그보다 오늘 점심시간이 더 신경 쓰였다. 사내 자기계발 모임인 '이독당'의 첫 모임이 있는 날이었다. 이독 노트와 이독 스크랩을 만들다 보니 동료가 있으면 좋겠다는 생각이 들었다. 한 달 전 사내 사이트에 공지를 올렸다. 어떤 사람들이 올지 기다려졌다.

자기계발에 관심이 있으신가요?

남과 다른 독서, 치열하게 독서를 하는 이독당(異讀黨)을 만들고자 합니다.

어떤 부서에 계신 분이라도 환영합니다.

○월 ○○일 12:30에 제3회의실에서 뵙겠습니다.

– 전략본부 기획팀 고현성 대리

* * *

"이렇게 모여주셔서 감사합니다."

회의실에 모인 사람들을 둘러보았다. 승우가 제일 먼저 눈에 들어왔다. 현성과 눈이 마주치자 승우가 살짝 웃어 보였다. 얼마 전까지만 해도 후배인 데다 빠르게 치고 올라오는 것 같아 경계도 했었다. 하지만 최근 이야기를 나눠보니 의외로 통하는 구석이 많았다.

첫날이라 모임의 취지를 설명하고 간단히 자기소개를 했다. 거의 아는 얼굴이었다. 유강석 과장도 눈에 띄었다. 그가 기획팀에 온 지 두 달이 넘었지만 현성과는 아직 서먹서먹한 사이였다. 이럴 땐 옛 동료였던 필립과 난희가 그리웠다. 처음 스터디를 시작할 때 그 두 사람은 든든한 버팀목이 되어주었다. 그러나 추억에 잠겨 있을 때가 아니었다. 현성은 초심으로 돌아가 다시 시작해보자고 굳게 다짐했다.

불가능을 가능하게 하다

: 감사 일기 :

감사 일기

성공을 이룬 많은 사람들이 자신의 성공 비결로 감사하는 마음을 꼽는다고 합니다. 현성 씨도 무엇이든 누구에게든 감사하는 마음을 지녀보세요. 낙천적이고 열정적인 성격으로 변하고 열린 시각으로 상황을 보게 됩니다.

1. 마음에 드는 작은 노트를 산다.
2. 거창한 일보다 일상의 소박한 일들을 놓치지 않는다.
3. 언제 어디서든 감사한 일이 생각나면 바로 적는다.
4. 감사한 일이 떠오르지 않으면 앞으로 감사하게 될 일을 상상하며 적는다.
5. 정기적으로 읽으면서 나의 감사 내용이 어떻게 변하고 있는지 지켜본다.

Thank you!

감사합니다.

이독 노트와 이독 스크랩이 앞으로 쭉쭉 뻗어가는 마음을 불러일으켰다면 감사 일기는 평온하고 부드러운 마음을 갖게 했다. 감사 일기를 쓴 후부터 일상의 소중함을 찾아보는 일이 많아졌다. 소소한 일상에서 감사할 일을 찾자 마음에 여유가 생겼다. 그것이 표정으로 드러나는지 며칠 전에는 승우가 이런 말을 건넸다.

"고 대리님, 몇 달 전보다 표정이 참 온화해지셨어요. 요즘 애인이랑 러브 러브?"

"헤어진 지 오래다."

애인이었던 하영은 패션 공부를 본격적으로 하고 싶다며 뉴욕으로 갔다. 어렵게 한 결심이기에 공부에만 집중하고 싶다며 헤어지자는 말을 하는 그녀를 보내줄 수밖에 없었다. 달리 선택할 수 있는 길도 없었다. 당장 결혼하자고 붙들 수 있는 형편도 아니었다. 지금도 그녀를 생각하면 가슴이 아련해졌다.

"아, 몰랐어요. 죄송해요."

"괜찮아. 나쁘게 헤어진 것도 아니고."

"정말……괜찮으세요?"

"안 괜찮다면 네가 소개팅 해줄 거냐? 그나저나 요즘 책 읽는 건 어때?"

"하하하. 재미있어요. 이독당 모임도 즐겁고."

그때였다.

"뭐가 즐거운가요? 전 좀 지루하던데."

서리라도 내린 듯 싸늘한 목소리였다. 돌아보니 유강석 과장이 서 있었다. 승우가 난감한 얼굴을 하더니 먼저 들어가겠다는 눈빛을 보냈다.

"아, 뭐가 그렇게 별로였어요?"

현성은 애써 목소리를 부드럽게 하며 물었다.

"이독당은 자기계발 모임이죠? 성공을 위한 독서를 목표로 하고 있고요."

"네. 모임의 취지는 그렇죠."

"그런데 성공을 해본 적도 없는 사람들이 모여 성공 이야기를 나눈다니, 좀 이상하지 않아요? 다들 뜬구름 잡는 식의 이야기만 하던데."

"성공을 해본 적이 없기에 노력하는 거죠. 이미 성공한 사람들의 모임이 아니잖아요."

"그래도 마음만은 성공한 사람이어야 하는 거 아닌가요? 대리의 마음으로 대리의 일만 얘기해서야 더 큰 성공을 언제 이루겠어요? 호기심에 한번 나가봤는데 역시 기대가 지나쳤나 봐요."

무표정한 얼굴로 말을 멈춘 강석은 표정을 바꾸며 다시 물었다.

"아, 그런데 이렇게 솔직히 말해도 되나요? 괜히 나중에 저만 욕먹는 거 아닌가 싶은데?"

"하하……하, 그럴 리가요. 뭐든 생각하고 있는 건 솔직하게 말해주세요. 그래야 도움을 드리죠."

"도움이라……."

강석은 묘한 표정을 지었다.

'아니, 그렇게 불만이면 왜 이독당에 들어왔냐고요! 다른 데 가시라고요!'

현성은 하고 싶은 말을 꾹 참으며 허허, 사람 좋은 웃음만 지었다. 왠지 이 사람하고 친해지는 것은 체질적으로 불가능할 것 같았다. 평소 같으면 몇 번 만나기만 해도 농담을 주고받을 정도로 속편한 성격이었지만 지금은 어떻게 하면 이 자리를 어색하지 않게 뜰 수 있을까 고민하고 있었다.

"분명히 도움이 될 거라고 하셨죠?"

"그럼요, 물론이죠."

무슨 말이든 불편한 상황을 피할 수 있다는 것만으로 기뻐서 대답부터 했다.

"그럼 불만이 있을 땐 얘기해도 되죠?"

현성이 "네"라는 대답을 하기도 전에 강석은 몸을 돌려 걸어가

버렸다.

'뭐냐! 일방적인 통고냐! 사람 말은 끝까지 듣고 가라고!'

하지만 "아니요, 오지 마세요"라고 대답할 수도 없는 노릇이었다. 어쩐지 앞으로 순탄하지 않겠다는 불길한 예감이 들었다.

'오늘 감사 일기에 쓸 게 또 하나 생겼네. 뭐, 이것도 나쁘지 않지만.'

현성은 자리로 돌아오면서 쓴웃음을 지었다. '인간관계에 오만하지 않도록 유강석 과장을 만나게 된 것에 감사합니다'라고 쓸 것 같았다. 실제로 감사 일기는 불가능한 일도 가능하게 만드는 힘이 있었다. 예전 같으면 이런 일을 당했을 때 감사는커녕 욱하는 성미가 발동해 말싸움을 했을지도 몰랐다.

'나도 참, 인간이 되려나 보다.'

현성은 애써 불편한 기분을 털어내며 업무에 집중했다. 하지만 계속해서 시니컬한 표정으로 대꾸하던 강석의 얼굴이 머리에서 떠나지 않았다.

눈앞에 성공의 그림을 그려라

눈을 뜨니 목이 칼칼했다. 열도 나고 몸도 무거웠다. 새로운 기획에 몰두하느라 연일 야근에 강도 높은 독서와 미션을 수행하느라 한 달 이상 쉬지 않고 달려왔다. 피로가 누적된 것을 알면서도 하루도 쉬지 않았는데 기어이 감기에 걸리고 만 것 같았다. 억지로 몸을 일으켰다. 흠씬 두들겨 맞은 것처럼 온몸이 아팠다. 뼈들이 아우성을 치는 것 같았다.

"아이고, 삭신이야. 딱 하루만 쉬면 좋겠다."

하지만 감기 정도로 회사를 쉴 수는 없었다. 게다가 오늘은 이독당 모임에, 저녁엔 팀 회식도 있었다.

"오늘과 내일만 버티면 주말이니까, 그때 쉬자. 고현성! 일어나!"

기합을 넣고 출근 준비를 했다. 숨을 쉴 때마다 면도칼로 목을 베는 것처럼 아팠다. 출근하자마자 뜨거운 물을 조금씩 마시며 이제는 습관이 된 아침 독서를 시작했다. 집중해서 한 줄 한 줄 읽는 동안에는 아픈 것을 잊을 수 있었다. 하지만 여전히 식은땀이 났다. 이래서야 이독당 모임에 참석이나 할 수 있을지 은근히 걱정이 됐다.

* * *

"그래서 이독 노트와 이독 스크랩을 만들고 감사 일기를 쓰면서 실제로 뭐가 변했나요?"

처음부터 강한 어조로 강석이 물었다. 일부러 작정한 것도 같았다. 그의 공격적인 발언에 누구도 반론을 제시하지 않았다. 다만 승우가 불편한 얼굴로 강석을 바라보고 있었다. 현성은 아침보다 열이 더 높아져서 말할 기운도 없었지만 억지로 입을 열었다.

"일단 마음에 여유가 생기고요, 목표가 분명해졌어요."

"그래서요? 그건 단지 자신의 주관적인 생각이지 객관적으로 성공을 이룬 건 아니잖아요. 기획팀에서 최근 어떤 성과를 내셨나요?"

"지금 당장 성과가 눈에 보이지 않……."

"보여야죠. 그래야 성공 아닌가요? 그리고 고 대리님, 아직도 직함이 대리죠? 본인이 성공한 경험이 없으면서 성공 운운하는 건 어불성설 아닌가요? 이렇게 모여서 낯간지러운 이야기만 나눈다고 뭐가 달라지나요? 회사라는 조직이 변하나요? 사회가 변하나요? 당장 자신조차 변화시키지 못하고 있잖아요."

마음속으로 참고 또 참았지만 끓어오르는 화를 누르지 못하고 얼굴을 찡그렸다.

"유 과장님, 그렇게 마음에 안 드는데도 이 모임에 나오는 목적이 뭔가요?"

"제가 무조건 딴지를 건다고 생각하시나요? 저는 이독당의 방향에 대해 건설적인 토론을 하고 싶은 것뿐이에요. 이 모임에서는 이런 의견도 말할 수 없나요?"

"그게 아니라 너무 강하게 말하시니까 다들 불편해하는 것 같아서요. 이독당은 서로의 성공을 지지하고 돕는 목적에서 만든 겁니다. 지금 하신 말씀은 너무 일방적인 비난으로 들리네요."

"저 하나 제대로 설득하지 못하면서 성공을 말하는 게 저는 더 우스운데요."

현성은 더 이상 말할 의욕을 잃고 서둘러 모임을 정리하고 말았다. 강석과 소모전을 벌이느라 오늘 모임을 제대로 이끌지 못한 것이 속상했다. 하지만 더 기운이 빠졌던 건 누구 하나 적극적으로 변론에 나서지 않은 일이었다.

이독당 모임은 생각보다 어려움이 많았다. 어느 모임이든 다양한 사람들이 모이기에 조율이 필요할 것이라는 예상은 했다. 처음부터 일심동체가 되어 뜨겁게 독서를 하리라는 비현실적인 기대도 품지 않았다. 그저 취미 활동으로 치부하는 사람도 있고, 불안감을 없애기 위해 형식적으로 들르는 사람도 없지 않았다. 그래서 모임이 제 목적에 맞게 자리를 잡기까지 적어도 1년은 걸릴 수도 있었다.

그러나 조금씩 달라질 것이라고 믿었다. 동지가 되어 더 높은 곳을 보고 갈 것이라고 생각했다. 회의가 든 것은 오늘이 처음이었다. 독서가 필요하다는 취지에 대해선 모두 공감을 하긴 했지만 다들 누구는 연봉이 얼마라더라, 어디는 대우를 어떻게 해준다더라, 떠도는 소문에 더 흥미를 느끼는 듯했다.

'내 설명과 열의가 부족해서일까?'

목이 점점 아파왔다. 머리가 아픈 건 열 때문만은 아닌 것 같았다.

'잘못 생각한 게 아닐까? 유 과장 말이 맞아. 성공이라는 생각과 말만 할 뿐 지금 당장 뭐가 보이는 것도 아니잖아. 헛된 환상을 꿈꾸는 걸까?'

어지러웠다. 아침보다 열이 더 높아진 것 같았다.

* * *

"뭐라고?"

"모르셨어요?"

"처음 듣는 이야기인데."

"괜히 얘기했나……."

"아니야, 좀 더 자세히 얘기해봐."

"마 본부장님을 은행에서 봤는데 마이너스 대출을 받으시는 것 같더라고요. 일부러 모른 척했는데 얼굴이 아주 안돼 보이셨어요."

마 본부장이 잠깐 자리를 비운 사이 승우가 조심스럽게 점심시간에 있었던 이야기를 꺼냈다. 마음속에서 와르르, 뭔가 무너지는 것 같았다. 본부장쯤 되면 경제적 문제에서 자유로울 것이라고 막연하게 생각하고 있었다. 회식 자리가 갑자기 무겁게 느껴졌다.

'내가 왜 그런 생각을 했지? 연봉이 억대도 아닐 텐데.'

잊고 있던 친구 병만이 생각났다. 억대 연봉이 아니라 몇백억 자산가도 하루아침에 몰락하는 현실이었다. 하지만 그들에 비하면 자신은 또 얼마나 초라한가.

"몸은 좀 괜찮아? 오늘 너무 무리하는 거 아냐?"

자리로 돌아온 마 본부장이 현성에게 물었다.

"전 괜찮아요. 그런데 본부장님, 요즘 많이 힘드세요?"

"어? 그건 왜 물어?"

"아니, 그냥요. 얼굴이 좀 안돼 보여서요."

"그러게. 암튼 눈치는 빨라. 기러기 아빠로 사는 게 쉽지가 않네. 애들 공부시키는 게 한도 끝도 없어. 돈 들어가는 게 밑 빠진 독에 물 붓기야."

허심탄회한 마 본부장의 말은 오히려 충격을 주었다. 팀장을 거쳐 본부장이 되는 날을 꿈꾸며 희망에 부풀었던 날들이 부질없게 느껴졌다. 지금까지 해온 노력이 헛된 발길질 같았다. 빠져 나왔다고 생각했지만 암흑 속에서 한 발자국도 나오지 못한 것이다.

"나도 자네 나이 땐 진짜 열심히 일했지. 대리 시절엔 과장이 되고 부장급 팀장이 되면 세상 모든 게 달라질 거라고 생각했거든. 앞만 보고 달릴 수 있으니 행복했지. 그런데 지금은 본부장 자리에 있어도 막막해. 넘어도, 넘어도 또 다른 벽이 가로막는 것 같아."

마 본부장은 취기가 도는지 다른 때와 달리 말이 길어졌다. 지금까지 한 번도 보지 못한 약한 모습이었다. 그러나 그의 고민은 모든 직장인이 갖는 미래에 대한 고민일지도 몰랐다.

"그나저나 이건 오프 더 레코드인데 조만간 조직 개편이 있을지도 몰라. 아직 정확한 건 아니지만."

"네? 저희에게도 변화가 있을까요?"

마 본부장은 말없이 잔에 술을 채웠다. 뜻밖의 이야기에 점점 혼란스러웠다. 승진만 하면 모든 게 다 해결될 줄 알았는데 앞이 보이지도 않고, 언제 끝날지도 모르는 경주를 펼쳐야 하는 현실이 버겁게 다가왔다.

'승진도 거액의 유산도 나의 미래를 해결해주진 않는구나.'

그렇다고 승진이 보장되는 상황도 아니었다. 아래에서 치고 올라오는 유능한 후배들과 앞을 가로막고 있는 태산 같은 선배들 틈에 끼어서 언제 다시 좌천당할지 알 수 없었다. 여유롭고 인정받는 성공을 꿈꿔왔지만 여전히 돈 몇 푼에 고민하고 눈치를 보며 몸부림치는 기분이 들었다. 억울했다. 자신은 이렇게 열심히 노력하는데 직장과 사회는 꿈쩍도 하지 않는 괴물 같기만 했다. 마 본부장을 바라보았다. 10년 후의 내 모습이 지금 눈앞의 이 사람이라면?

'아니야! 내가 그리는 모습은 이런 게 아니라고!'

회식이 끝나고 거리로 나왔다. 어둠이 거리를 덮고 있었다. 불빛이 찬란한 술집들이 꼬리에 꼬리를 물고 이어지는 골목이었는데도 이상하게 음습하고 어두웠다. 전철역 계단에 초로의 한 남자가 종이를 앞에 둔 채 무릎을 꿇고 엎드려 있었다. 그 앞을 지나가며 무심코 종이에 쓰인 글자를 읽었다.

"회사가 부도가 나서 일자리를 잃었습니다."

"아이들이 굶고 있습니다. 조금씩만 도와주세요."

눈을 질끈 감고 서둘러 그 앞을 지나쳤다. 목이 타고 열이 심해졌다. 계단을 내려가는 발걸음이 천근만근 무거웠다. 금방이라도 다리가 풀려 주저앉을 것 같았다. 지하철 계단은 끝없이 길기만 했다. 서늘한 기운이 느껴져 문득 뒤를 돌아보았다. 남자와 눈이 마주쳤다. 소스라치게 놀라 하마터면 비명을 지를 뻔했다. 자신과 꼭 닮은 얼굴이었던 것이다.

만일 독서하지 않았더라면

감기가 낫자마자 지후를 만나러 갔다. 갑자기 방향을 잃어버린 기분이 들었다. 지푸라기라도 잡고 싶은 심정이었다. 본부장이 되어도 변하는 것이 없고, 여전히 경제 문제에서 자유로워지지 못한다면 누구를 역할 모델로 삼고 가야 할지 알 수가 없었다.

"현성 씨의 목표가 고작 본부장이 되는 거였나요?"

직접적인 지후의 물음에 고개가 숙여졌다. 해결책을 알려주길 바란 게 아니었다. 너무 힘들고 외로웠기에 작은 위로를 바랐던 것뿐이었다. 그런데 정곡을 콕 찌르는 말을 들으니 할 말이 없었다. 본부장도 죽어라고 노력해야 겨우 올라갈 수 있는 자리인데, 그걸 '고작'이라고 말하다니. 현성은 지후도 꽤 오랜 시간 직장인이었다는 사실을 잊어버린 채 억울함을 토로했다.

"잘 모르실지도 모르지만 30대 후반이면 벌써 퇴직을 생각한다고요. 40대에 퇴직해서 자영업을 시작해도 90퍼센트가 실패하고요. 이건 개인의 문제만은 아니잖아요. 아무리 기를 쓰고 자기계발을 해도 사회구조가 바뀌지 않는데 무슨 소용이 있나요?"

열혈 투사라도 된 듯 목에 핏줄까지 세우며 목청을 높였다. 성실하게 직장생활을 하다가 하루아침에 구조조정을 당해 길거리로 나앉는 사람들도 있었다. 그것이 어찌 그들의 탓이라고만 할 수 있단 말인가? 그러나 현성이 하고 싶은 이야기는 따로 있었다. 그것이야말로 진짜 감정, 입 밖으로 꺼내기에도 무서운 말이었다. 그들은 곧 자신일 수도 있다는 것이었다.

"불안해요……. 두렵고 무서워요."

정말 하고 싶은 말이 터져 나오자 울컥, 두 눈에서 뜨거운 것이 치밀어올랐다. 자리에서 서둘러 일어나 화장실로 달려갔다. 화장실에 들어서자 참았던 눈물이 솟구쳤다.

"아아, 고현성! 너 진짜 안 되겠다. 창피하게. 이게 뭐냐."

세수를 하고 돌아왔을 때 지후는 따뜻한 허브티를 새로 주문해 놓고 있었다. 아무 말도 하지 않았지만 마치 현성이 무엇을 생각하고 무슨 말을 하고 싶은지 알고 있는 것 같았다.

"죄송해요. 오늘은 제가 왜 자꾸 이러는지 모르겠어요."

"전 솔직한 모습을 봐서 좋은데요."

"저한테 실망한 게 아니고요?"

"실망이라뇨? 왜요? 느낌을 진실하게 드러내는 사람이라 멋있는데요."

온몸이 따뜻해졌다. 두 손으로 감싸 쥐고 있는 허브티가 주는 온기 때문만은 아닌 것 같았다.

"개인의 문제만은 아니라는 생각엔 저도 동감해요. 하지만 세상 탓만 한다고 뭐가 달라지는 것도 아니잖아요?"

"……."

"자신이 변해야 한다는 숙제 앞에 불합리한 사회구조 탓만 하는 건 회피라고밖에 생각되지 않네요."

할 말이 없었다. 사회를 위해 한 일이라곤 연말에 불우이웃을 돕는다는 명목으로 회사에서 성금을 걷을 때 몇만 원을 낸 일이 고작이었다. 그마저 속으로는 몰래 아까워했다. 그러면서 목청 높여 사회구조 운운한 것은 명백한 모순이었다.

"물론 저도 사회구조는 바뀌어야 한다고 생각해요. 하지만 자신도 바꾸면서 사회를 바꾸는 일에 동참해야 한다고 생각하지 않으세요?"

"자신도 바꾸고 사회도 바꾼다고요?"

"네. 사회를 바꿀 수 없다면 개개인의 성공이 무슨 의미가 있나요? 이웃의 아픔을 외면하는 성공이 진짜 성공인가요? 그렇다면 지금 사회구조의 변화를 원하는 현성 씨는 어떤 비전을 갖고 있고 어떤 실천을 하고 있나요?"

"……."

"마틴 루터 킹, 링컨, 만델라……이분들의 공통점이 뭔지 아세요?"

"사회는 물론 세계를 바꾸신 분들이죠."

"그리고 모두 대단한 독서광이었죠."

"……!"

"사회구조를 바꾼 위인들은 모두 독서에 미친 사람들이었고, 누구보다 치열하게 자기계발을 했던 사람들이에요. 그들도 한때는 그냥 평범하거나 우리보다 못한 사람들이었죠. 그랬던 사람들이 위인이 되기까지 그 원동력은 어디에서 나왔을까요?"

"역시, 독서인가요?"

"독서만이라고는 할 수 없겠죠. 그러나 만약 독서가 없었다면요?"

'독서가 없었다면'이라는 지후의 말은 깊은 여운을 남겼다.

"독서가 없었다면……."

"멀리 위인들을 찾을 필요도 없어요. 가깝게는 현성 씨의 과거를 생각해보세요."

그새 잊고 있었다. 절망 속에서 허우적거리다가 독서를 통해 새로운 인생을 되찾은 것이 불과 얼마 전이었다. 10년도 5년도 아니고 고작해야 2년 전이지 않던가.

"현성 씨가 만나볼 사람이 있어요."

"누군데요?"

"아름다운 여전사요."

"네?"

이렇게만 말하고 지후는 빙긋 웃었다.

'아름다운 여전사? 게임의 주인공이라도 만나야 하는 건가?'

더 이상 아무 말도 해주지 않는 지후를 보며 현성은 고개만 갸웃거렸다.

도약이 필요한 시기

지후가 말한 아름다운 여전사는 세계에서 가장 존경받는 100대 기업 중 하나인 화장품 회사에서 세계적인 성공을 거둔 사람이었다. 그러나 처음부터 성공적인 커리어를 쌓아갔던 것은 아니었다. 이혼 후엔 할 수 있는 것이 아무것도 없어 절망의 시간을 보내기도 했었다.

약속 장소에 미리 나가 그녀가 어떤 모습일지 상상해보았다. 한 여성이 문을 열고 들어왔다. 의지가 강해 보이고, 세련되고, 전문가의 분위기를 물씬 풍기는 사람이었다. 오늘 만나기로 한 사람이라는 것을 한눈에 알 수 있었다.

"월급을 동전으로 받아본 적 있나요?"

"월급을 동전으로 받다니요? 은행에서 바로 입금되잖아요."

어리둥절해하는 현성의 얼굴을 보며 그녀가 웃음을 터뜨렸다.

"혼자 자립하고 처음으로 구한 직장이 레스토랑 캐시어였어요. 아르바이트라 월급은 적었지만 열심히 일했죠. 사장이 시킨 것도 아니었는데 영업시간 전에 미리 출근해서 바닥 청소와 테이블 정리까지 했어요. 소중한 직장이었기에 저절로 애정이 솟았던 거죠. 드디어 첫 월급을 받았어요. 그런데 봉투가 너무 묵직하더라고요. 사장님이 더 챙겨주셨나 싶었지만 느낌이 뭔가 이상한 거예요. 화장실에 가서 열어보니까 동전이 가득 섞여 있더군요."

어렴풋이 그녀가 썼던 책의 내용이 생각났다. 첫 월급을 받았는데 너무 묵직해서 화장실에 달려가 열어보고 경악했다고 했다. 지폐가 모자라 동전으로 월급을 보충한 것인데, 500원짜리도 아니고 10원짜리 동전을 보며 치욕감을 느꼈다고 했다. 책을 읽을 땐 그것이 얼마나 어이없는 상황일지 생각도 못했는데 이야기를 들으면서 만약 자신이 그 상황이었다면 당장 그날 그만두었을 것이라고 생각했다.

"어떻게 견디셨어요?"

"생존이 걸려 있었으니까요."

"……."

"처음으로 받은 월급이 자존감을 세워주기는커녕 내가 10원짜리만도 못한 사람이라고 말해주는 것 같아 치욕스러웠죠. 싸늘한 바람을 맞으며 밤늦게 집으로 돌아오는데 눈물이 멈추질 않더군요. 온몸이 불덩이처럼 달아오르고 밤새 심하게 앓았죠. 하지만 다음날 아무 일도 없었던 것처럼 출근해서 더 열심히 일했어요. 어쨌든 먹고살아야 했으니까요. 결국 석 달 후 레스토랑 경영 상황이 어려워지자 해고당했지만요."

"……."

아무 말도 할 수가 없었다. 막막했을 그 마음을 조심스럽게 헤아려보는 것 외에 어떤 말이 위로가 될까 싶었다.

"그때의 경험은 큰 배움이 됐어요. 현실을 똑바로 보게 되었으니까요. 녹록하지 않은 세상에서 참패를 당해본 사람은 알 거예요. 현성 씨도 그런 경험이 있나요?"

"아, 네……."

그러나 자신 있게 뒷말을 잇지 못했다. 몇 번의 지옥을 경험했다고 생각했지만 그녀의 경험에 비한다면 어리광에 불과하다는 생각이 들었다.

"그런데 어떻게 그 상황을 이겨내셨어요?"

"한번은 쌀이 떨어져서 친정으로 밥을 얻어먹으러 간 적이 있어요."

"먹을 게 아무것도……없어서요?"

"네. 달걀 한 줄 사먹는 것도 사치스럽게 느껴지던 시절이었거든요."

"……."

"어머니가 생선에 된장찌개에 계란말이까지 해서 한 상 차려주셨는데 얼마 만에 제대로 된 밥을 먹는 건지 모르겠더라고요. 그런데 외출했던 아버지가 돌아오셔서 저를 보자마자 밥도 못 챙겨 먹고 사느냐고 역정을 내시더라고요. 굶고 사는 거 들킬까 봐 속으로 전전긍긍하며 밥을 먹고 있었는데 노여움 섞인 그 말이 생선가시처럼 목을 콱 찌르더라고요."

"저런, 밥이나 다 드셨으면 좋았을걸."

"서둘러 자리에서 일어나는데 아버지가 부르시는 거예요. 그러고는 '지금은 부모가 있지만 10년 후, 20년 후엔 누가 너를 지켜주겠냐? 지금부터는 너 스스로 헤쳐나가야 한다. 앞으로 10년 동안 너 자신이 너를 책임지는 상황을 만들지 못한다면 아무도 너를 책임 못 진다'라고 엄하게 혼내셨죠."

"뼈아픈 말씀이셨네요."

"네. 하지만 아버지의 충고 덕분에 10년 후라는 이정표를 세울 수 있었어요. 인생은 결코 장난이 아니고 나를 책임질 사람은 나밖에 없다는 것을 진지하게 생각하게 됐거든요."

그녀의 이야기는 사람을 끌어들이는 흡인력이 있었다. 세일즈를

하게 된 후 어느 정도 안정적인 상황이 되었지만 어느 날인가부터 회의가 들었다고 했다. 크게 동감했다. 비슷한 상황에 처해본 적이 있었기 때문이었다.

"더 이상 이렇게 살면 안 되겠다는 생각이 들더라고요. 도약이 필요한 시기라는 결론을 내렸죠. 더 큰 목표를 향해 날아가고 싶었어요. 하지만 열정은 불타오르는데 무엇을 어떻게 시작해야 할지 알 수가 없었어요. 단순히 일을 더 열심히 하면 되는 것인지, 자신에게 어떤 투자를 해야 할지 좀처럼 확신을 가질 수가 없었죠. 그러던 중 아침에 신문을 읽다가 우연히 책 광고 하나를 봤어요. '물감을 아끼면 좋은 그림을 그릴 수 없고, 꿈을 아끼면 좋은 꿈을 꿀 수 없다'라는 글귀가 있었어요. 가슴이 울렁거리더군요. 당장 서점으로 갔어요. 책을 사서 읽자마자 실천에 들어갔죠. 그리고 지금도 여전히 4년이 넘도록 실천하고 있고요."

그날부터 책에 있는 내용을 삶에 적용하며 말 그대로 하나하나 실천했다고 했다.

"내 꿈을 무조건 믿었죠. 그렇게 살기 시작하자 저조차 놀랄 정도로 상상하기 힘든 일이 벌어지기 시작했어요. 이건 말해도 믿기 어려울 텐데, 그야말로 연쇄반응이랄까. 삶에서 대폭발이 일어난 것 같았죠."

그녀는 원래 굉장히 부정적인 생각이 많은 사람이었다고 한다.

어릴 때부터 가장 많이 들었던 말을 세 가지 꼽으라면 '안 돼', '하지 마', '못 해'일 거라고 했다. '감히 나 같은 게 뭘 할 수 있겠어'라고 생각할 정도로 자존감도 낮았다.

"이런 저를 변화시킨 것이 독서예요. 그야말로 '기적'이죠. 하지만 독서는 노력 없이 꿈을 이뤄주는 마법도 아니고, 환상을 진짜처럼 보여주는 속임수도 아니에요. 철저한 노력과 성공에 대한 믿음을 바탕에 둔 '리얼한 현실에서의 행동' 그 자체죠."

결과만 놓고 보면 항상 성공만 한 건 아니었다. 하지만 성공이냐 실패냐를 떠나서 경험해보기 전엔 배울 수 없는 것이 있었다. 오히려 실패했을 때 더 크게 개선과 발전이 일어난 적도 많았다. 실패의 징검다리를 건너야만, 위험을 감수하는 수고를 감내해야만 원하는 목적지에 갈 수 있다는 대목에선 크게 고개를 끄덕였다.

"열심히 하다 보니 많은 분들의 도움을 받았고 행운도 따랐죠. 남들은 보통 10년 걸리는 일을 3년 6개월 만에 해냈으니까요. 어떤 분이 그러시더라고요. 이 기록은 앞으로도 나오기 힘들 것이라고요."

그녀가 처음부터 세일즈의 여왕이었던 것은 아니다. 전업주부로 살다가 마흔 살에 이혼과 실직을 겪고 11평 임대아파트와 지갑의 단돈 3만 원이 전 재산이었던 초라한 여자였다.

"책을 읽고 꿈을 사랑하는 법을 배웠어요. 책의 내용을 어떻게 하면 하나라도 더 실천할까 매일 고민하죠. 실천하면 할수록, 행동하면 할수록, 제 안의 가능성도 커지고 사람의 힘이 참 어마어마하다는 걸 확신해요. 한 권의 책이 한 사람의 인생을 바꿀 수 있다는 건 제 인생에서 경험한 가장 가치 있는 일 중 하나예요."

집에 돌아오자마자 인터뷰 녹음 파일을 다시 들으며 내용을 정리하고 배울 점을 노트에 적었다. 되새김질을 하면서 듣는 그녀의 목소리는 현장에서 이야기를 나눌 때의 열기를 고스란히 담고 있었다.

"책을 읽을 땐 나를 버리고 온전히 받아들이는 자세를 가져요. 단지 어떻게 적용하면 성공할 수 있을지 스킬만 뽑아내는 게 아니라 성공하기까지의 과정과 정신, 마인드를 배우려고 노력하죠. 저자에게 철저하게 배우되 자신의 삶에 적용할 때는 유연성이 필요해요. 이렇게 책을 읽다 보니 제 직업에 대해서도 다시 생각하게 되더군요. 단순히 의식주를 해결하는 것을 넘어서 소명과 사명을 가지게 되었어요. 전 특별히 의지가 강한 사람이 아니어서 어떤 결심을 해도 자신과의 싸움에서 번번이 지는 편이었는데 책을 읽으면서 마인드가 바뀌더군요. 제 잘못을 자책하고 후회하면서 주로 시간을 보냈는데 창조적으로 생각하고 아이디어를 내는 시간이 길어졌어요. 가장 크게 변한 점이라면 아무래도 자신에 대해 당당해진 것이죠. 자신의 평판은 자신이 만드는 거니까요. 이 모든 게 독서가 제게 준 힘이죠. 지금 힘든 시간을 보내고 있는 분께는 이런 말을 해

드리고 싶어요. 누구에게나 기회는 와요. 삶의 반전을 꿈꾸세요."

'여전사'와의 만남은 성과가 컸다. 자신도 현재 실천하고 있어서였겠지만 행동으로 옮기지 않는 독서는 의미가 없다는 말은 새삼 큰 울림으로 가슴에 남았다. 집에 돌아와서도 만남의 여운이 사라지지 않고 오래 남았다.

'맞아. 아무리 독서가 즐거워도 실천하지 않고 책만 파면 책벌레에 불과하지. 독서의 진짜 목표를 잊지 말자. 삶을 일깨우는 독서를 하자!'

독서하는 인간으로 살고 싶었다. 책만 읽는 벌레는 되고 싶지 않았다. 죽은 독서는 더더욱 하고 싶지 않았다. 생생하게 살아 있는 독서, 자신의 심장을 뛰게 하고 피를 돌게 하는 독서를 하고 싶었다. 독서는 명사가 아니라 동사였다. 한 권의 책은 종이 묶음이 아니라 살아 움직이는 지도였다. 현성은 두 발에 힘을 주고 서서 두 주먹을 불끈 쥐며 파이팅을 외쳤다.

"독서는 나의 힘이다!"

절실한 마음이 성공의 시작이다

일요일 아침부터 현성은 가슴이 두근거렸다. 지후를 만나는 날이었다. 자신감 넘치는 모습으로 약속 장소로 나갔다. 지후에게 할 이야기가 많았다.

“정말 대단하신 분이에요. 이야기를 듣는 것만으로도 의욕이 막 생기고, 나도 저렇게 살면 성공할 수 있겠다는 희망을 갖게 됐어요.”

“좋은 만남이었네요.”

“역시 책은 사람의 인생을 변화시키는 힘이 크다는 확신이 들었어요. 그래서 저도 더욱 열심히 책을 읽고 따라서 해보려고요.”

막상 이야기를 하다 보니 정말 중요한 것을 깨달았다는 사실에 더욱 신이 났다.

“역시 독서는 명사가 아니라 동사예요.”

“무슨 의미인가요?”

“실천과 행동이 중요하다는 거죠. 단지 책을 읽는 게 중요한 게 아니라.”

“그건 현성 씨도 이미 알고 계셨던 사실이잖아요.”

“네, 그렇긴 한데…….”

“이미 알고 있던 사실을 확인한 것 말고 새로 배우신 건 없나요?”

“새로운 점이오……?”

현성은 머리를 긁적거렸다. 이야기에 도취되어 지후가 무엇을 말하고자 하는지 쉽게 이해할 수가 없었다.

“제가 왜 굳이 인터뷰를 하라고 했을까요? 책을 읽고 실천하자는 걸 배워오라고요? 그건 이미 현성 씨에게 드린 미션에 들어 있었는데. 성공한 사람을 구경만 하고 오신 것 같아요.”

“……제가 무엇을 놓치고 있나요?”

“네, 아주 중요한 것을요. 아무것도 가진 것이 없던 여성이 놀라운 성공을 거둔 이유가 뭐라고 생각하세요?”

“독서 때문이 아닌가요?”

“그렇게 독서를 했던 이유는 뭐죠?”

"성공하고 싶어서죠."

"왜 성공을 하고 싶었을까요?"

"그야……."

계속되는 질문에 진땀이 흘렀다. 의기양양했던 모습은 어디 가고 궁지에 몰린 새끼 강아지처럼 어쩔 줄 모르고 끙끙거리고만 있었다. 지후의 말은 온화했지만 그 속에 담긴 뜻은 추상과 같았다. 그는 현성이 진짜 배워야 할 것이 무엇인지 깨닫기 전까진 아무리 사소한 것이라도 그냥 넘기는 법이 없을 터였다.

"모르겠어요."

현성은 솔직하게 시인했다. 자신이 무엇을 놓쳤는지 도무지 알 도리가 없었다. 한동안 침묵이 이어졌다. 침묵을 먼저 깬 것은 지후였다. 느리게 소리가 되어 나오는 말에는 강한 의지가 느껴졌다.

"그 순간 지켜내지 않으면 안 될 사람들이 있었기 때문이죠. 그분에게는 두 명의 자녀가 있었어요. 자신의 아이들이야말로 세상에서 유일하게 지키고 싶은 것이었죠. 만일 그녀에게 지키고 싶은 것도 없고 사랑도 없었다면 지금처럼 성공할 수 있는 힘을 자신의 내부에서 끌어내기는 힘들었을지도 몰라요."

"……아!"

"물론 지켜야 할 가족의 존재가 때론 무거운 짐으로 여겨질 때도 있겠죠. 하지만 만약 가족이 없었다면 현성 씨가 지금 그토록 힘들게 일을 하고 있을까요?"

아니라고 대답할 수는 없었다. 가족은 분명 자신에게 일을 하고 돈을 벌게 하는 원동력이었던 것이다.

"동전이 섞인 월급을 받았던 사람이에요. 보잘것없는 존재로, 아무 가치도 없는 사람으로 취급받기도 했죠. 하지만 그녀는 부끄러운 엄마가 되지 않기 위해서라도 성공을 하기로 결심했고 그건 평생의 절실함이 되었죠."

"절실함이오?"

"네. 현성 씨에게는 그런 절실함이 있나요? 인생을 바꾸고야 말겠다는, 성공하고야 말겠다는 의지가 있나요?"

정신이 번쩍 들었다. 언젠가 마 본부장이 말했던 한 가지, 배고파 보이질 않는다고 했던 그 말이 무슨 뜻인지 알 것 같았다.

"그런 절실함은 없어요. 그런 절체절명의 환경에 처해본 적도 없고요……."

"또 본질을 놓치고 있군요."

"네?"

"환경이 절실함을 만든다면 세상에 자살할 사람이 누가 있고, 노숙할 사람이 누가 있겠어요. 그 사람들보다 절박한 환경에 놓인 사람들이 또 있나요? 그렇다면 그들이 먼저 성공했겠죠. 자기 분야에서 최고의 자리에 오른 김연아나 박지성을 생각해보세요. 그들이 절실한 환경 때문에 성공을 향해 달려간 건가요?"

"……."

"제가 보기에 현성 씨는 이미 충분히 절실한 환경에 있어요. 지금 집에서 돈을 버는 유일한 분이시죠?"

"네."

"앞으로 결혼도 하셔야 하고요?"

"네."

"결혼을 하고 나서도 친가의 실질적 가장 노릇을 해야 하죠?"

"네."

"그런데도 자신이 처한 상황을 아직도 모르고 계신 건가요?"

"……."

"좀 더 현실적인 인식이 필요하신가요?"

"……제가 들어야 할 이야기가 있다면 더 말씀해주세요."

지후는 잠시 숨을 내쉬었다. 상대를 생각하는 안타까움이 호흡마다 서려 있었다. 그러나 현성은 지후가 무슨 이야기를 하는지 아직 마음에 와 닿지 않았다. 왜 이렇게 격한 모습을 보이는지 이상할 뿐이었다.

"경제 위기가 커지면 다니던 회사가 없어질 수도 있어요. 결혼을 해서 아이를 키우는 상황에서 일방적인 정리해고를 당했다고 생각해보세요. 자신이 머지않아 회사를 떠날 수도 있다는 생각을 해보셨나요?"

"……아니요."

현성은 고개를 저었다. 사실 불안하긴 했지만 당장 직장에서 나가야 한다는 생각은 해본 적이 없었다.

"기대 수명이 100세를 넘어 120세를 바라보는 시대예요. 현성 씨 자신뿐 아니라 부모님의 노후는 어떻게 대처하실 건가요? 미래를 위해 준비해놓으신 건 있나요?"

"……아니요."

"우리나라도 빈익빈 부익부가 심해지고 있다는 건 알고 계시죠? 필리핀을 보세요. 한때 우리보다 잘살았던 나라인데 지금은 국민의 80퍼센트가 빈민이에요. 현성 씨는 20퍼센트에 들 것이라는 확신이 있나요?"

"……아니요."

무거운 침묵이 어깨를 짓눌렀다. 성공에 대한 현실적 인식 없이 낭만적인 바람만 품고 살아왔다. 한 그루 나무가 튼실한 열매를 맺기 위해선 여름 땡볕도, 겨울 한파도 견뎌내야 했다. 과정 없는 결과는 없을 터였다. 그런데도 달콤한 과일의 색깔과 향기에 취해 정작 나무를 어떻게 길러야 할지는 몰랐다. 손에 흙을 묻히는 수고로움은 남의 일로만 여기고 있었다.

"본인이 깨닫고 있든 아니든 현성 씨는 절실할 수밖에 없는 상황에 처해 있어요. 본인이 절절하게 느끼고 있지 못할 뿐이죠. 제가 정말 해드리고 싶은 이야기는, 절실함은 환경이 아니라 자신이 스스로 만드는 것이라는 점이에요."

지후의 단호한 한마디 한마디가 현성의 뼈를 가르고 심장을 찔렀다. 아팠다. 그러나 아픈 만큼 마음의 껍질이 깨지는 것 같았다. 현성의 내장 밑바닥에서부터 뜨거운 무언가가 솟구쳐 오르는 것이 느껴졌다.

"제가 왜 이독을 하기 전에 이독 노트를 쓰고, 이독 스크랩을 만들고, 감사 일기를 쓰라고 했는지 아시겠어요?"

"긍정의 근육을 키우기 위해서라고 하셨잖아요."

"세 가지를 실천하니 삶에 어떤 변화가 오던가요?"

"유연성이 생겼어요. 제 자신은 물론 타인들도 따뜻하게 바라보게 되었고요."

"그리고요?"

"끈기도 생긴 것 같아요. 성공이 하루아침에 이뤄지는 게 아니라는 걸 성공한 사람들의 수많은 일화를 통해 알게 되었거든요."

배 속 깊은 곳에서 감지되던 열기가 점점 위로 올라왔다. 빠른 속도로 오장육부를 타고 오르며 가슴을 향해 전진하고 있었다. 누군가 심장을 두 손으로 꽉 잡아 조이는 듯 답답했다. 점점 숨쉬기가 힘들어졌다. 자리를 박차고 나가 차가운 공기를 마시고 싶었다. 그러나 지후는 틈을 주지 않고 현성에게 계속 질문을 던졌다.

"그들이 수많은 실패와 좌절 속에서도 끝내 성공할 수 있었던 이유가 뭐던가요?"

"성공에 대한 확신이 있어서죠."

"그 확신은 어디에서 온 걸까요?"

"열정이 있었으니까요."

"그 열정의 정체가 뭐죠?"

"이대로 물러서지 않겠다는 의지와 그리고……아!"

훅, 목 안쪽에서 뜨거운 열기가 느껴졌다. 불덩이 같은 하나의 단어가 목에 가득 차서 밖으로 터져 나오려 아우성을 치고 있었다. 의지를 가진 생물체처럼 목을 뚫고 성대를 치받으며 꿈틀 용솟음쳤다. 금방이라도 터질 듯 목울대가 팽팽해졌다. 더 이상 참을 수가 없었다.

"절실함! 그들은 모두 절실하게 바라고 움직였어요!"

말이 밖으로 터져 나오자마자 쿵쿵쿵쿵쿵, 빠른 속도로 피가 돌기 시작했다. 전기 충격을 받은 듯 손끝이 짜릿해졌다. 심장박동이 피부를 통해 고스란히 느껴졌다. 고개를 들자 지후와 시선이 부딪혔다.

"이제 진짜 이독, 석세스 리딩의 세계로 들어갈 각오가 되셨나요?"

몸은 뜨거웠는데 머리는 서늘했다. 말은 더 이상 중요하지 않았다. 현성은 형형하게 불타오르는 눈빛으로 고개만 끄덕일 뿐이었다.

…3부…

성공하는 사람의 마인드를 품는 독서

하루 10분 충전 독서

"노력은 헛되지 않고 반드시 열매를 맺는다!"

현성은 눈을 뜨자마자 두 팔을 번쩍 들어 올리며 큰소리로 외쳤다. 책에서 읽은 좋은 구절을 따로 수첩에 써두었다가 아침마다 한 가지씩 소리 내어 말했다. 기운을 주는 말은 귀를 통해 들어온 후 뇌리 깊숙이 박혔다가 심장을 울렸다. 가슴에 손을 대면 힘차게 뛰는 심장의 고동 소리가 손에 잡힐 듯했다.

하루를 어떻게 시작하는가는 중요한 문제였다. 피로가 풀리지 않은 몸으로 뼈들이 삐거덕거리는 소리를 들으며 아침도 거르고 겨우 시간에 맞춰 전철을 타고 출근하던 생활은 과거의 일이었다. 여유롭게 하루를 시작하니 마음가짐에서부터 변화가 생겼다. 몸도 마음도 여유로워졌다.

해야 할 일은 전날 모두 마치고 편안한 마음으로 푹 잤다. 할 일을 미루지 않고 아침에 일찍 일어나니 한 시간 정도의 독서 시간이 확보되었다.

"성공한 사람의 마음으로 하루를 시작하는 거야!"

창문을 활짝 열었다. 서늘한 아침 공기가 폐부 깊숙이 들어와서 세포를 하나씩 일깨웠다. 추위가 전혀 느껴지지 않았다. 오히려 정신이 맑아지는 기분이 들었다.

성공하는 사람의 마인드를 기르는 책을 아침에 10분 동안 읽었다. 막연히 성공하기를 바랄 때는 마음 놓고 드러내기엔 떳떳하지 못한 불편함이 있었다. 성공이란 이기적이고 독해야 이룰 수 있는 것이고 남을 짓밟아야 가능한 것이라는 편견이 있었다. 그리고 그 생각은 현성을 괴롭게 했다.

'성공하기 위해 남을 이겨야만 한다니, 꼭 그렇게 살아남아야만 하는 걸까?'

고3 때 담임선생이 아침 조회 시간마다 하던 말이 생각났다.

"옆을 봐라. 보이는 얼굴은 모두 전쟁터의 적들이다. 친구? 그런 건 대학 가서 찾아라. 누군가를 쓰러뜨리지 않고는 살아남을 수가 없다. 지금은 오직 어떻게 하면 이길까만 생각하란 말이다."

담임선생에 대한 반발심 때문에 공부를 안 한 것은 아니었지만 그 살벌했던 경쟁을 생각하면 부르르 오한이 났다. 그러나 진정한 성공은 누군가를 짓밟지 않고도 꿈을 실현하는 것이었다. 내심 성공을 갈망하면서도 한편으로는 성공을 비웃었던 것은 성공에 대해 부정적인 생각을 가졌기 때문이었다.

'그러니 이런 이중적인 태도로 무슨 성공을 할 수가 있었겠냐고.'

아침마다 10분 동안 성공하는 사람의 마인드를 갖게 하는 책을 읽으면 긍정적인 마음으로 누군가를 도울 수 있다는 생각에 힘이 났다. 눈을 감고 구절을 반복해서 떠올리면 발끝에서부터 뜨겁고 묵직한 기운이 솟구쳤다. 어제와 다른 오늘, 새로운 오늘, 내일을 만드는 오늘을 살아가는 것은 분명 신나는 경험이었다.

회사에서도 마찬가지였다. 점심시간 10분 전에 알람이 울리도록 휴대전화를 설정해두었다. 아침에 책에서 읽은 내용을 얼마나 실천했는지 확인해보기 위해서였다. 아침 10분 독서와 점심시간 10분 확인으로 오전을 충실하게 마무리했다. 확실히 그전과는 다른 만족감이 느껴졌다. 뭘 해도 불안하던 때와는 질적으로 다른 생활이었다.

점심시간이 끝나기 전, 오후 업무를 시작하기 전에 하루 2막을 여는 마음으로 다시 10분 동안 성공하는 사람의 마인드를 갖게 하는 책을 읽었다. 이때는 업무에 열정을 불러일으키는 책을 골라 읽었다.

"야아, 힘이 난다, 힘이 나! 어떤 일도 다 할 수 있다고!"

에너지를 가득 충전한 상황에서 오후 업무에 집중했다. 책을 읽는 동안 일과 관련한 아이디어가 떠오르는 경우도 잦아졌다. 어제까지 풀리지 않던 고민의 답이 떠오르기도 했고, 실질적인 해답이 보이기도 해서 당장 풀어야 할 난관을 뚫기도 했다. 세렌디피티가 따로 없었다. 책을 읽을수록 행운도 커지는 것 같았다.

저녁은 온전히 자신을 위한 시간으로 만들었다. 술을 마시면서 연예인 이야기를 하거나 미래에 대한 걱정만 쏟아놓는 모임도 모두 정리했다. 일 없이 술 한잔 걸치고 싶은 날에는 지후가 한 말을 떠올렸다.

"미래에 대해 걱정하고 근심하는 대신 자신의 삶에 더 깊고 뜨거운 관심과 이해를 기울이세요. 자신에 대해 불평하고 불만을 터뜨리는 대신 진정으로 자신을 사랑하고 꿈을 이루는 길을 찾아보세요. 자신을 위해 매일매일 더 좋은 일을 하세요."

걱정하고 근심할 시간이 있다면 차라리 자신에게 더 많은 관심을 갖고 더 깊은 사랑을 쏟아붓자고 힘주어 다짐했다.

'나를 사랑해야 남도 사랑할 줄 알지. 내가 성공해야 다른 사람의 성공도 도울 수 있지. 힘내자! 고현성! 할 수 있다!'

성공하는 사람들의 생각법

아침 점심 저녁 독서를 꾸준히 했지만 독서보다는 업무가 여전히 우선이었다. 독서에 지나치게 많은 시간을 할애하면 업무에 지장이 있을지도 모른다는 생각을 떨치기 힘들었다. 지후와 다시 만난 날 현성은 솔직히 털어놓았다.

"업무에 눌릴 때면 솔직히 책 읽을 엄두가 나지 않아요."

지후는 긍정도 부정도 하지 않고 생각에 잠긴 얼굴로 현성을 바라보았다. 격려와 위로를 받을 생각은 저만치 치워놓았다. 새로운 이야기가 나올 것 같았다.

"아인슈타인은 문제를 만들어낸 시스템으로는 문제를 해결할 수 없다고 했어요. 성공한다는 것은 자동차가 아니라 우주왕복선이 된다는 의미죠."

눈을 가늘게 뜬 채 잠시 말을 멈추었던 지후가 다시 물었다.

"자동차의 목적이 뭐라고 생각하세요?"

"이동이죠."

"어떻게요?"

"길 위를 달려서요."

"그래요, 자동차는 오직 길을 달릴 뿐 우주를 가로지르진 않죠."

"하지만 우주를 가로지르는 건 자동차의 목적이 아니잖……. 아! 하!"

현성은 손바닥을 탁 쳤다.

"완전히 다른 사고방식이 필요하다는 거죠?"

지후가 웃으면서 고개를 끄덕였다.

"생각이 근본적으로 바뀌어야 해요. 그래야 새로운 행동이 나오고 그 행동이 인생을 변화시키는 강력한 엔진 역할을 하죠."

"행동이 실패로 끝나도요?"

"물론이죠. 제가 아는 사람 중에 실패를 밥 먹듯이 하고, 그 실패 때문에 지옥에 수백 번은 떨어진 사람이 있어요. 그는 동업자에게 배신당하고, 심지어 장기매매까지 생각했죠."

"아……."

"성공보다 실패에 익숙했던 사람이죠. 보통은 나쁜 일이 생기면 이보다 더 나쁠 순 없다고 생각하잖아요?"

"그렇죠. 보통은 그렇게 생각하면서 이겨내니까요."

"그런데 최악이라고 생각했던 일보다 늘 더 나쁜 일이 반복해서 되풀이되면 어떨 것 같아요?"

"아, 생각하고 싶지도 않아요."

현성은 고개를 절레절레 흔들었다. 이미 지옥의 뜨거운 불 맛을 여러 번 경험했다. 두 번 다시 겪고 싶지 않았다.

"세상에 미련도 없고, 삶에 희망도 없고, 나에게 선택할 수 있는 힘도 없다고 생각할 것 같아요."

"그도 그랬어요. 가족을 먹여 살리려고 장기매매까지 생각할 정도였으니까요."

현성은 아무 말도 할 수 없었다. 자신은 그 정도까지 절박해본 적이 없었던 것이다.

"장기매매를 결심하고 지인에게 도움을 청했을 때 대답 대신 몇 권의 책을 선물 받았대요. 물론 책하고는 평생 담을 쌓고 살아온 사람이었죠. 하지만 절박한 마음으로 책을 읽었고, 차츰 성공한 사람들의 삶에 관심을 갖게 되었죠."

책과 평생 담을 쌓고 살아오다가 절박한 마음으로 책을 읽었다니, 현성은 자신의 과거와 비슷하다는 생각이 들었다. 얼굴도 모르는 사람이 친근하게 느껴졌다.

"그래서 어떻게 되었나요?"

"죽음까지 생각하던 사람이 책을 읽으면서 극적인 사고의 변화를 겪었고 결국 재기에 성공했어요. 금융인 대상을 받기까지 했으니까요. 지금은 금융 컨설팅 회사의 대표를 맡고 있어요."

"극적인 사고의 변화라면 그도 역시 미친 듯 책을 읽었기 때문인가요?"

"네. 하지만 책만 읽었던 건 아니에요. 세상엔 많은 책을 읽었지만 변화를 일으키지 못한 사람도 많으니까요. 중요한 건 어떻게 책을 읽느냐죠. 현성 씨는 이독이 뭐라고 생각하세요?"

"성공을 부르는 독서……?"

여전히 막연했다. 자신의 산 경험으로 들려줄 만한 이야기가 없었다.

"이독은 적극적이고 진취적인 사고방식을 기르는 독서예요. 그리고 인간관계 능력을 기르는 독서죠."

"직장에서 성공한 사람들이 공통적으로 갖고 있는 점이네요."

마 본부장을 떠올렸다. 그와 함께 한 팀에서 일을 하는 것만으로도 든든할 때가 많았다. 듬직한 선장이 버티고 있는 함선에 탄 기분이 들었다.

"그래요, 회사에서 성공한 사람들을 보면 이미 이런 요소를 갖고 있는 경우가 많죠. 이독의 1차 목표도 직장에서 성공하는 것이고요.

이독
노트

지금 하고 있는 업무를 제대로 못하면서 다른 일은 잘할 수 있을 거라고 생각하는 건 무능력에 대한 변명이거나 회피인 경우가 많으니까요."

현성은 고개를 끄덕였다. 자신 또한 그랬기 때문이었다. 독서가 힘들 때 책에 대해 회의를 느꼈듯 업무가 잘 풀리지 않을 때 이 일은 적성에 맞지 않는다는 생각을 했다.

"일이 많아서, 시간이 없어서 책을 못 읽는다는 건 핑계였어요. 힘들고 지칠 때, 실력이나 능력에 부족함을 느낄 때 그걸 인정하기 싫어서 독서 탓을 했던 적도 있고요."

"정확히 말하자면 독서가 일을 방해하기는커녕 업무의 질을 놀라울 정도로 높이죠. 이미 경험하셨잖아요."

현성은 전문 분야 100권 독서인 프로 리딩에 도전했을 때를 떠올렸다. 한 권, 두 권 읽었던 책의 내용이 지식으로 쌓이자 어느 순간 업무에서 폭발적인 능력이 터져 나왔다. 독서에 치중하면 일에 지장을 받을까 걱정했던 건 기우였다. 최근엔 마인드를 변화시키는 10분 독서만으로도 집중력이 높아지는 것을 경험하고 있었다.

"공연한 걱정을 했네요. 일이 재미있으면 독서도 더 신나게 하고, 독서에서 힘을 받으면 일이 많아도 힘들지 않은데 말이에요."

"자신의 경험을 믿으세요. 이제 새로운 미션을 드릴 때가 되었네요."

새로운 미션이라는 말을 듣자마자 현성의 눈이 반짝 빛났다.

"뭔데요?"

"성공을 실천하는 독서죠. 이독 노트와 이독 스크랩, 그리고 감사 일기로 시동을 걸었으니 이독을 향해 힘차게 달리는 일만 남았네요."

가슴이 떨렸다. 그토록 기다리던 이독을 본격적으로 시작할 때가 온 것이다.

정주영을 만나다

"어떻게 버클레이를 움직일 수 없습니까?"

"아직 선주도 나타나질 않고 또 한국의 상환 능력과 잠재력 자체에 의문이 많아서 곤란하군요."

"이 돈을 보시오. 이것이 거북선이오. 우리는 1500년대에 이미 철갑선을 만들었던 시절과 두뇌가 있소. 영국의 조선(造船) 역사는 1800년대부터라고 알고 있습니다. 우리가 300년이나 앞서 있었소. 다만 쇄국정책으로 산업화가 늦어졌고 그동안 아이디어가 녹슬었던 것이 불행한 일이지만 그러나 잠재력은 그대로 갖고 있습니다."

대단한 배짱이었다. 강철 같은 의지와 불도저처럼 밀고 나가는 추진력은 위기 때마다 빛을 발했다. 어떤 위기에서도 흔들리지 않는 신념은 불가능해 보이는 일조차 가능하게 만들었다.

"나라면 이 상황에서 어떻게 했을까?"

현성은 정주영의 《시련은 있어도 실패는 없다》를 읽으면서 몇 번이고 같은 질문을 던졌다.

'기껏 힘들여 일으킨 사업이 화재로 순식간에 잿더미로 변했을 때 나라면 어떻게 했을까? 만성적 인플레이션 속에서 공정 기간도 긴 조선소를 짓기 위해 차관 도입이라는 난제 중의 난제를 해결해야만 했을 때 나라면 어떻게 했을까? 습관도, 언어도, 풍속도, 문화도 다른 해외에 진출해 기후와 풍토를 익혀가면서 시간과 예산에 차질 없이 화력, 수력 등 모든 발전소와 각종 석유화학 플랜트, 가스 분리 시설, 석유 시추 플랫폼을 수주하는 동시에 우리나라의 기술력까지 향상시켜야 했을 때 나라면 어떻게 했을까?'

질문을 던질수록 가슴이 뜨거워졌다. 책을 읽으면서 가슴이 뜨거워진 적은 예전에도 있었다. 슬픔의 밑바닥에서 눈물 흘리고 분노하고 좌절하고 다시 희망을 찾는 주인공에게 감정이 이입되어 마치 자기 이야기인 양 밤새워 읽기도 했다. 그러나 그때와는 차원이 다른 느낌이었다. 끝없는 질문이 꼬리에 꼬리를 물고 생겨났다. 어떻게 이런 일이 가능할 수 있는지, 개인의 힘만으로 이루었다 하기엔 너무나 거대한 업적이었다.

처음 지후가 정주영의 자서전을 읽으라고 했을 때는 의아함을 넘어서 불만도 생겼다. 굳이 정주영이 아니어도 괜찮지 않은가. 글로벌 시대에 맞게 스티브 잡스도 있고 빌 게이츠도 있었다. 어딘가 납득되지 않았다. 지난 세기의 성공 신화로 회자되는 정주영의 인생이 어떤 영감을 불러일으킬까 의문이 들었다.

'태생 자체가 탁월한 사업가였던 사람이 아닌가? 나랑은 너무 거리가 멀어.'

하지만 책을 읽는 동안 점점 빠져들기 시작했다. 전철에서 처음 펼쳐 들었던 책을 집에 돌아오자마자 계속 읽었다. 틀어놓은 음악이 귀에 들리지 않을 정도였다. 처음의 걱정은 단순한 우려에 불과했다. 그의 인생 자체가 한 편의 대하드라마였다.

현성은 책 속의 정주영이 참모들과 수많은 난관을 뚫고 어려운 사업을 성공시킬 때마다 마치 자신이 한 일인 양 탄성을 지르기도 하고 실제로 주먹을 공중으로 휘두르기도 했다. 당장이라도 울산 조선소에 내려가고 싶은 마음이 굴뚝같았다. 오랜만에 맛보는 희열이었다.

시계를 보니 새벽 3시였다. 그러나 피곤한 줄 몰랐다. 그만큼 커다란 흥분감에 휩싸여 있었다. 출근을 위해 불을 끄고 누워도 500원에 박힌 거북선을 보여주며 호기롭게 협상을 하던 정주영의 모습이 눈에 아른거렸다.

며칠이 지나도 마음의 열기가 식지 않았다. 정주영의 화려한 성공이 마음을 들쑤셨다. 월급쟁이로 사는 삶이 아니라 당장이라도 원하는 분야에 뛰어들어 사업을 시작하고 싶었다. 그러나 현실을 생각하면 꿈은 땅에 떨어진 가을 낙엽처럼 쉽게 시들었다. '무엇을 하고 싶은가'를 물으면 생각이 콱 막혔다.

'정주영이 성공할 수 있었던 이유는 뭐였지? 적성에 맞는 일을 찾았기 때문이 아닐까? 사업이야말로 그의 운명이었고 그래서 성공할 수 있었지. 하지만 나는? 과연 지금 하고 있는 일이 나한테 맞는 일일까?'

생존이 급했기에 적성 운운하는 것은 사치라고 생각했다. 월급이 꼬박꼬박 나오는 직장을 다니는 것만으로도 감사했다. 책 한 권이 지금까지의 생각을 마구 뒤흔들기 전까지는 말이다.

'나라고 당장 정주영처럼 못 하라는 법이 있나. 게다가 그때보다 기회가 훨씬 많은 시대잖아.'

갑자기 기분이 붕 뜨는 것 같았다. 열정과 패기로 현장을 진두지휘하면서 백이면 백, 모두 불가능하다고 만류하는 사업을 성사시키는 모습을 상상해보았다. 팀장이나 본부장이 되는 건 너무 작은 꿈인 것 같았다. 회사 일도 시시하게 느껴졌다. 하루 종일 문서를 만들고 프레젠테이션 자료를 모으는 일이나 하고 있을 때가 아닌 것 같았다. 애초에 원해서 들어온 직장도 아니었다.

현성은 책상 위를 물끄러미 바라보았다. 어지럽게 널려 있는 서류와 낡은 노트북, 여기저기 흩어진 사무용품들, 책꽂이에 몇 층으로 쌓여 있는 책들. 지루했다. 겨우 이런 일이나 하자고 죽어라 책을 읽는 게 아니었다.

'이건 아니야. 이렇게 계속 살 수는 없어.'

인생의 돌파구가 필요했다. 맛집이나 찾아다니고 먼지 쌓인 책상 앞에서 달달한 커피나 마시면서 나이만 먹고 있을 수는 없었다. 피가 바짝바짝 마를 정도로 자극적이고 생명력이 넘치는 일을 하고 싶었다.

자신감과 자만심의 차이

"책은 잘 읽으셨어요?"

"네. 눈을 뗄 수가 없더라고요. 정말 흥미진진했어요."

지후를 만나자마자 현성은 눈을 반짝이며 정주영 이야기부터 꺼냈다.

"무엇을 배우셨는데요?"

"역시 대단한 인물이더라고요. 현대조선소를 지을 때 영국에 가서 500원짜리 하나 보여주면서 막대한 자금을 끌어오는 부분에서는 정말 감동했어요. 뭐라고 표현해야 할지 모를 정도로 엄청나게 많은 감정들이 막 쏟아져……."

"무엇을 느꼈냐고 물은 게 아니라 무엇을 배웠냐고 물었는데요."

잔뜩 흥분해서 이야기를 쏟아놓으려고 하는 판국에 무엇을 배웠냐니. 그보다는 느꼈던 열정과 감동을 전하고 싶은 마음이 더 컸다. 정주영의 배짱에 대해, 그가 겪은 모험에 대해 아무리 얘기해도 부족할 것 같았다. 그러나 정작 지후의 차분한 말 앞에서는 말문이 막혔다.

"사실 책을 읽고 배운다는 게 뭔지 잘 모르겠어요."

아까와는 달리 한풀 꺾인 말투였다.

"게다가 작가님은 이독의 관점에서 배울 것을 요구하고 있잖아요."

"이제야 현성 씨가 제대로 배우고 있다는 생각이 드네요."

뜻밖의 말이었다. 김이 빠져 실망감에 한 말이었는데 오히려 제대로 배우고 있다니 지후의 생각을 종잡을 수가 없었다.

"무슨 뜻인가요?"

"아까 정주영의 대단한 점만 말했잖아요. 왜 그러신 거죠?"

"한 사람이 이뤄낸 성공이 너무 대단해서요."

"정말인가요?"

자신이 읽은 책이었다. 자신이 받은 감동이었다. 그런데 왜 믿지 않는지 이상했다. 은근히 화가 나기도 했다. 거짓말을 하고 있는 것도 아니지 않은가. 다만 솔직하게 읽은 대로 말하고 있을 뿐이었다. 흥분이 채 가라앉지 않은 탓인지 평소와 다르게 까칠한 말이 나갔다.

"제가 그렇게 읽었다는데 왜 아니라고 생각하세요?"

"아니라고 생각하진 않아요. 현성 씨가 느낀 감동은 진실한 것이죠. 다만 무엇을 배웠는지 물었는데 그것에 대한 대답이 없어서요."

"배운 것도 많아요."

"그렇다면 질문을 바꿀게요. 많은 이야기 중에 유독 정주영의 화려한 성공만 기억하시는 이유가 뭐죠?"

"가장 인상 깊었으니까요."

지후가 눈을 가늘게 떴다.

"미안한 얘기지만 그건 현성 씨가 자신도 모르게 교만한 감정에 빠졌기 때문은 아닐까요?"

"제가 교만하다고요?"

"자신도 정주영처럼 대단하다고 생각하니까 성공의 화려함만 눈에 들어온 거죠."

"……."

"그리고 죽을 만큼 노력해본 적도 없기 때문이죠. 화려한 성공 뒤의 노력을 한 번이라도 생각하셨나요? 성공을 너무 쉽게 생각했기 때문에 화려함만 눈에 들어온 건 아닌가요?"

"……."

"호수 위에 떠 있는 백조를 보면 무슨 생각부터 드세요?"

"백조의 아름다움이오."

"호수 아래서 치열하게 발을 휘젓고 있는 백조의 처절함이 아니고요?"

"백조의 아름다움을 먼저 보는 게 잘못인가요?"

"잘못은 아니죠. 하지만 분명한 것은 수면 아래의 치열한 노력 없이는 수면 위의 우아한 아름다움도 있을 수 없다는 겁니다."

"하지만 이독의 목적이 성공하는 사람의 마인드를 갖는 것이라면 오히려 정주영의 입장에서 그와 동등하게 생각하는 법을 배워야 하지 않나요?"

"가능하다면요. 단 현실을 잊으면 안 되겠죠. 자만심과 자신감은 다르니까요."

"……."

"중국에 유명한 선사가 있었어요. 어느 날 그에게 가르침을 배우러 온 사람이 있었어요. 그가 유창하게 떠드는 동안 선사는 듣는 둥 마는 둥 찻잔에 차만 따르고 있었답니다. 이미 찻잔이 가득 차서 흘러넘치는데도요."

"왜요?"

"선사를 찾아온 사람도 현성 씨처럼 궁금했겠죠. 그래서 물었죠. 아까운 차를 어찌 그리 버리고 계시냐고."

"선사는 뭐라고 대답했나요?"

"잔을 채우기 위해선 먼저 비워야 한다네."

"……?"

"겸손한 마음으로 정주영의 책을 읽었다면 화려한 업적보다는 처절한 실패들을 먼저 보았을 겁니다. 그리고 실패를 딛고 앞으로 나가는 그의 정신적, 물리적 노력에 마음을 빼앗겼을 거고요. 성공이란 결국 노력의 결과물에 불과하니까요."

현성은 놀라서 고개를 번쩍 들었다.

"정주영도 실패한 적이 있다고요?"

"현성 씨, 지금 나이가 어떻게 되시죠?"

"서른다섯입니다."

"현성 씨 나이에 정주영은 거지나 마찬가지였어요. 딱 밥 두 끼 먹을 돈밖에 없었죠. 어머니는 중풍에 걸려 누워 있었고요."

"진짜요?"

아무리 기억을 뒤져봐도 생각나지 않는 이야기였다.

"'6·25 전란 속을 동생과 함께'에 나오는 대목이에요."

"아, 전 왜 그 부분을 못 봤을까요?"

"책을 전부 읽으셨죠?"

"네. 그런데도 그 부분이 생각나지 않았던 이유가 뭘까요?"

현성은 곰곰이 생각했다. 아무리 생각해도 왜 그런지 알 수가 없었다.

"그 책을 어떻게 읽으셨나요?"

"전철에서요. 그리고 나머지는 집에 돌아와 침대에 누워서요."

"음악도 틀어놓고요?"

"네."

현성은 속으로 뜨끔했다. 자신의 집에 감시 카메라라도 있는 것은 아닌지 순간 의심될 정도였다. 가끔 지후는 보지 않고도 자신의 일상을 손바닥 들여다보듯 환히 알고 있을 때가 있었다.

"회사 동료의 이야기도 그렇게 듣진 않을 텐데 성공의 비결을 배워야 할 스승인 정주영의 이야기를 그런 식으로 대하다니요. 그러면서 어떻게 성공의 비밀을 배울 수 있겠어요?"

적성에 맞는 일을 찾는 법

지후의 이야기는 다시 이독으로 돌아갔다.

"눈높이를 정주영의 성공이 아니라 과정에 맞추어야 해요."

"……?"

"현성 씨는 평범한 샐러리맨에서 성공한 샐러리맨으로 변하고 싶으신 거죠?"

"네."

"그렇다면 성공한 사람들이 어떤 과정을 통해 변했는지 배워야죠. 그들도 처음부터 성공한 사람의 마인드를 갖고 있진 않았으니까요."

"그럼 정주영은 어떻게 변하게 된 건가요?"

"현성 씨 이야기부터 먼저 해볼까요? 지금 하는 일이 적성에 맞나요?"

다시 반짝 정신을 차렸다. 이것이야말로 하고 싶었던 이야기였다.

"솔직히 지금까지 적성 같은 것은 생각해본 적도 없어요. 그런데 요즘은 그걸로 고민이 많아요. 이 일이 제 적성에 맞는지 의심이 들기 시작했거든요."

"적성에 맞지 않는 일을 하는 사람이 성공할 수 있다고 생각하세요?"

"아니요. 정주영도 자신의 적성에 맞는 일을 찾았기에 성공한 것 아닌가요?"

"그렇다면 다시 한 번 물어보죠. 지금 적성에 맞는 일을 하고 있나요?"

"……."

"적성에 맞지 않는 일을 하고 계시군요. 맞는 일을 하고 있다면 주저하지 않고 '네!'라고 대답했을 테니까요."

"어떻게 해야 할까요? 역시 적성에 맞는 다른 일을 찾아야 하겠죠?"

다급한 질문에도 지후는 아무 말도 하지 않았다. 10초가 1년이라도 되는 것처럼 느껴졌다. 초조함 때문에 무슨 말이라도 해야 견딜 수 있을 것 같았다. 다행히 지후가 질문을 던졌다.

"자신의 적성이 뭔지는 알고 계신가요?"

"……."

다시 말문이 막혔다. 30대 중반이 되도록 자신이 무슨 일을 좋아하는지, 무슨 일을 하면 잘할 수 있을지 진지하게 생각해본 적도 없었다. 그냥 시험에 붙어 대학에 갔고, 시험에 붙어 회사에 들어왔다. 그러고는 회사에서 정해주는 부서에서 주어진 일을 해왔을 뿐이었다.

"사실 제 적성이 뭔지도 잘 모르겠어요."

"적성도 모르면서 어떻게 적성에 맞는 일을 찾을 수 있겠어요?"

"적성을 찾으려면 어디서부터 뭘 시작해야 할까요?"

"정주영이 가르쳐주고 있잖아요."

"……뭘요?"

"정주영의 적성은 무엇이라고 생각하세요?"

"당연히 사업이죠."

"김매기, 모내기 또는 막노동, 배달 같은 것이 정주영의 적성에 맞았을까요?"

"말도 안 돼요. 정주영 같은 대사업가가 그런 일이라니."

"하지만 그는 그런 일들을 했는걸요."

책 앞부분에서 어렴풋이 읽은 기억이 났다. 별로 흥미가 생기지 않아 대충 눈으로 훑고 지났던 부분이었다.

"그건 사업을 하기 전의 일이잖아요."

"현성 씨는 사람이 어느 날 갑자기 변한다고 생각하세요?"

"그건……."

"사업을 하기 전의 정주영과 사업을 시작한 뒤의 정주영은 완전히 다른 사람인가요? 사업을 하자마자 바뀌었다는 건가요?"

이번에는 현성이 생각에 잠길 차례였다.

"정주영은 사업가가 되기 전 수많은 직업을 전전했죠. 사업하고는 거리가 먼 일만 하면서요. 만약 사람이 적성에 맞는 일을 해야 성공할 수 있다면 정주영은 모든 일에서 별 볼 일 없는 성과를 거두어야 옳겠죠. 일하는 기쁨도 느끼지 못하면서요."

현성은 잠자코 고개만 끄덕였다.

"그도 사업을 시작하기 전엔 평범한 샐러리맨과 다를 게 없었죠. 전전긍긍 먹을 것을 걱정해야 하는 생존 문제에 시달리기도 했고요. 하지만 어떤 일을 하면서 180도 바뀌게 돼요. 어떤 일인지 기억하시나요?"

무슨 일이었는지 속으로 열심히 생각했다. 분명히 열의에 가득 차서 책을 읽었건만 지후가 말하는 정주영 이야기는 자신이 읽은 책에는 나오지 않은 것만 같았다. 생각이 나지 않으니 고개를 저을 수밖에 없었다. 지후가 대신 대답했다.

"쌀가게 배달 일이에요. 그 일을 하면서 성공하는 사람의 마인드를 갖게 되죠. 마약이라도 맞은 사람처럼 황홀하게 일했고, 최고의 실적을 올렸고, 마침내 쌀가게 사장이 되었죠. 그리고 그때의 마인드를 자동차와 건설 사업에 적용해 대성공을 거두게 되고요. 한번 생각해보세요. 만일 혁명적인 마인드의 변화를 겪지 못했다면 성공한 사업가가 될 수 있었을까요?"

"아니요."

자신 있게 대답했다.

"그럼 그의 비결은 무엇이었을까요?"

"글쎄요, 쌀 배달을 미친 듯이 한 거요?"

"아뇨. 정주영은 그즈음 위인전 독서를 열심히 했는데, 아마도 그때 깨달았던 것 같아요."

"무엇을요?"

호기심이 부쩍 생겼다. 평범한 쌀가게 배달원이 위대한 사업가로 재탄생하게 된 결정적 계기가 무엇이었는지 알 수만 있다면 자신도 큰 변화를 일으킬 수 있을지 몰랐다.

"적성보다, 월급보다, 직위보다 중요한 것은 마음이라는 사실이오."

"마음이오? 어떤 마음이오?"

"일을 즐기고 사랑하는 마음이죠."

의외의 대답이었다. 혹시나 하고 귀를 기울였는데 조금 실망스러웠다. 일을 즐기고 사랑하는 마음이 문제라면 굳이 노력할 필요가 없지 않은가. 게다가 그런 마음을 먹는 것이 노력으로 가능했다면 자신도 진작 그렇게 했을 것이다. 이 일이 좋다, 즐겁다, 수백 번 주문이라도 외웠을 것이다.

"좋아하지 않는 일을 억지로 좋아하려고 한들 그게 가능할까요?"

"지금까지 일을 즐기거나 사랑하려는 노력을 해본 적 있으세요?"

"……."

"함부로 단정할 일은 아니지요. 저는 성공한 사람 2000명을 조사하고 연구하면서 그들의 성공 요인은 사고방식에 있다는 것을 알아냈어요. 또 그들의 특별한 사고방식은 대부분 독서를 통해 형성되었다는 사실도요. 제 자랑을 하기 위해 하는 말이 아니에요. 이독을 가볍게 생각하지 말아달라는 부탁이에요."

성공한 사람의 마인드를 복사하라

현성은 솔직하게 시인했다.

"맞아요. 제게 가장 부족한 건 일을 즐기고 사랑하는 마음이에요. 한때는 정말 즐겁게 일하기도 했는데 요즘엔 그냥 그런 것 같고 시시해지고, 그래서 많이 불안해요. 알고는 있어요. 이런 마음으로 계속 가면 희망이 없다는 것을요."

지후가 이해한다는 듯이 고개를 끄덕였다.

"대부분의 직장인이 일을 열심히 하면서도 불안해하는 것은 자신이 일을 사랑하지 않는다는 사실을 무의식적으로 알고 있기 때문이에요. 그런 느낌은 쌓이고 쌓여 뇌에 부정적인 사고 회로를 만들죠. 부정적인 사고 회로는 행동을 부정적으로 변화시키고 결국 인생을 실패로 끌고 가죠. 이 악순환을 극복해야 해요. 부정적인 회로를 긍정적인 회로로 바꾸는 노력이 필요하죠. 그래서 이독을 하기 전에 이독 노트와 이독 스크랩과 감사 일기를 써보라고 한 거고요."

긍정 마인드를 만드는 세 가지 방법에 대한 이야기가 나오자 슬그머니 기가 죽었다. 지금은 처음 시작했던 때처럼 열심히 하지 못하고 있었다. 감사 일기는 그나마 드문드문 썼지만 이독 노트와 이독 스크랩은 한 달에 두어 번 할까 말까 했다.

"성공한 사람들도 한때는 평범했어요. 평균 이하인 사람들도 많았죠. 하지만 일을 즐기고 사랑하는 능력은 스스로의 노력으로 만들 수 있다는 사실을 깨달았고 치열하게 실천한 결과 성공하게 되었답니다."

현성에게도 희망이 보이는 것 같았다. 하지만 금방 다시 현실로 돌아왔다. 생각만큼 현실의 벽이 만만한 것은 아니었기 때문이었다.

"하지만 그들에게 직접 배울 수는 없잖아요. 중소기업 대표도 만나기 힘든 마당에 하물며 위인을 어떻게……."

"책이 있잖아요."

"……!"

"자신의 전 인생을 통해 터득한 성공 비결이 담긴 것, 그게 그들의 책이에요."

"책만 읽는다고 되는 건 아니잖아요. 정주영의 책을 읽는다고 제가 정주영이 되는 것도 아니고요."

"마인드를 복사하세요."

"마인드를 복사하라고요?"

마음을 실체화하는 기계라도 있다면 모를까 손에 잡히는 책도 아니고 눈으로 볼 수 있는 사진도 아닌데 어떻게 마인드를 복사한다는 것인지 지후의 말을 이해할 수 없어 현성은 눈만 동그랗게 뜨고 있었다.

"책을 읽다 보면 그들이 일을 어떻게 생각하는지, 실제로 어떻게 일을 하는지 자세하게 밝힌 부분이 나오죠?"

"네, 꼭 있죠."

"첫째, 그 부분에 밑줄을 치세요. 둘째, 소리 내어 읽으세요. 셋째, 노트에 쓰세요. 넷째, 암송하세요. 마지막으로 간절하고 절실하게 실천하세요."

"밑줄 치고, 소리 내어 읽고, 노트에 쓰고, 암송하고, 실천하라."

그제야 마인드를 복사하라는 지후의 말이 이해가 됐다.

"물론 시행착오가 많을 거예요. 누군가는 비웃기도 하겠죠. 하지만 지속적으로 따라 하다 보면 처음에는 복사한 수준밖에 되지 않던 마인드가 어느 순간 자기 것이 될 거예요. 그때가 바로 일을 대하는 태도에 혁명이 일어나는 순간이죠. 일과 사랑에 빠진다는 것이 어떤 건지 깨닫게 될 거고요."

“혁명이 일어나는 순간이 온다고요?”

“네. 인생이 바뀌는 순간이죠. 정주영처럼.”

‘내가 정주영처럼 된다고?’

상상만 해도 가슴이 두근거리고 벅차올랐다. 현성은 이 순간의 두근거림을 잘 기억해두자고 결심했다. 두근거림이야말로 성공의 첫걸음이라는 것을 알고 있었기 때문이었다. 성공은 외부에서 주어지는 것이 아니었다. 내면에서부터 시작되는 것이었다. 그 느낌은 설렘, 두근거림, 희열감 등으로 오는 것이었다. 현성은 지후의 얘기를 천천히 곱씹어봤다.

‘밑줄을 긋고, 소리 내어 읽고, 노트에 쓰고, 암송할 것, 그리고 마지막으로 간절히 실천할 것.’

백독백습

현성은 집으로 돌아오자마자 《시련은 있어도 실패는 없다》를 다시 펼쳐 들었다. 나름대로 열심히 읽었다고 생각했지만 얼마나 안일하게 독서를 했던가. 마인드를 복사하는 방법은 세종대왕이 실천했다는 '백독백습(百讀百習)'이었다. 지후와의 대화를 차근차근 떠올려보았다.

* * *

"백독백습은 세종대왕이 하셨던 독서법이에요."

"설마 100번 읽고 100번 익히는 뭐 그런 건 아니죠?"

"맞아요. 잘 아시네요."

슬며시 웃는 지후의 얼굴이 순간적으로 지옥에서 온 사자처럼 보였다.

"아니, 아니, 잠, 잠깐만요."

"누군가 이미 한 일이라면 현성 씨도 할 수 있지 않을까요."

"그렇죠! 아니, 꼭 그런 건 아니더라고요……."

"백독백습은 현성 씨를 성공으로 이끌어줄 거예요."

"하지만, 그러니까……."

"무조건 읽겠지 말입니다! 하지 말입니다!"라고 이등병처럼 대답할 수는 없었다. 그러기엔 너무나 엄청난 독서법이었다. 무조건 대답부터 했다가 나중에 뒷감당을 하기엔 지나치게 어마어마한 방법이었다. 한 권의 책을 100번 읽고 100번 쓴다니 과연 자신이 할 수 있을지 확신할 수가 없었다. 얼굴이 점점 시커멓게 변하는 현성을 보면서 지후가 껄껄 웃었다.

"걱정 마세요. 죽진 않을 테니까."

"그렇겠죠. 하하하……. 책 읽다가 죽었다는 사람의 이야긴 아직 들어보지 못했으니까요."

'까짓것, 한번 그냥 해봐?'

슬그머니 도전 의식이 솟았다. 정주영도 가난한 농사꾼의 아들로 태어나 내로라하는 사업가가 되었다. 그 밑바닥에는 치열한 독서를 통해 다져진 강한 의지와 성공에 대한 확신이 있었을 터였다.

"어떻게 하면 되는 거죠?"

현성의 달라진 눈빛을 보며 지후도 그제야 진지한 얼굴이 됐다.

"세종대왕은 종이를 묶은 가죽 끈이 닳도록 읽고 또 읽었어요. 얼마나 읽으면 가죽 끈이 너덜너덜해질까요? 사실 100번이라는 숫자는 상징적인 것인지도 몰라요. 그만큼 완벽하게 자신의 것으로 만들었다는 뜻이겠죠. 구절 하나, 단어 하나는 물론 행간에 숨은 뜻까지 파헤쳐 글을 쓴 사람의 의도까지 파악했을 거고요. 100번이 아니라 1000번을 읽은들 눈으로만 읽어서는 절대로 도달할 수 없는 경지죠. 정주영의 책을 읽으며 그의 마인드를 흡수하고, 그와 하나가 될 때까지 읽고 또 읽어보세요. 그게 몇 번이 됐건."

* * *

현성은 눈을 감았다. 깊게 호흡을 고르고 왜 이 책을 읽는지 목적을 다시 한 번 되새겼다. 재미로 읽는 것이 아니었다. 온전히 자신의 마인드로 만들기 위해 읽는 책이었다. 눈을 뜨고 첫 장을 넘겼다. 처음 읽을 때 급한 마음에 무작정 책장을 넘기던 것과는 마음가짐 자체가 달랐다. 읽기 시작하자마자 새로운 내용이 눈에 들어왔다. 지난번엔 발견하지 못했던 내용이었다.

"어라? 이런 장면도 있었나?"

한 장 한 장 넘길 때마다 가슴을 울리는 구절이 나타났다. 부지런히 밑줄을 그었다. 어떤 곳은 한 장 전체에 밑줄을 긋기도 했다. 처음 읽을 때보다 시간이 많이 걸렸지만 충만함은 두 배로 늘었다.

처음 일주일은 하루에 한 번 읽는 것도 벅찼다. 하지만 2주가 지나자 조금씩 속도가 붙기 시작했다. 요령도 생겼다. 제목을 중심으로 어디에 어떤 내용이 있는지 전체 윤곽이 그려졌다. 15번을 넘기자 하루에 서너 번 읽는 것도 가능해졌다. 본문 전체를 10번 이상 꼼꼼하게 읽은 후엔 발췌독으로 읽었다. 20일이 지나면서부터는 밑줄 친 부분만 읽었다. 그러자 하루에 10번 읽는 것도 가능했다. 회사에서든 집에서든 옆에 두고 틈이 날 때마다 읽었다.

노트에 옮겨 쓰는 일도 처음엔 무엇을 적어야 할지 엄두가 나지 않았다. 그래서 무조건 옮겨 쓴다는 생각을 버리고 읽기에 집중했다. 색연필의 색깔을 바꿔가며 밑줄을 그었다. 서너 줄씩 그어지는 부분도 있었고 한 줄만 긋고 끝나는 곳도 있었다. 읽을 때마다 밑줄이 그어지는 곳도 달라졌다. 감동 깊은 구절에서 일과 관련된 문장으로 눈길이 옮겨갔다. 곱씹어볼 문장들을 골라 노트에 적었다.

사람은 보통 적당히 게으르고 싶고, 적당히 재미있고 싶고, 적당히 편하고 싶어 한다. 그러나 그런 '적당히'의 그물 사이로 귀중한 시간을 헛되이 빠져나가게 하는 것처럼 우매한 것은 없다.

여름에 나와 서늘한 나무 그늘에 앉아 노래만 하다 겨울이 오기 전에 없어지는 매미가 한겨울 펑펑 쏟아지는 눈을 어떻게 알 수 있을 것이며, 누군가가 눈 이야기를 한들 알아들을 수나 있을 것인가. 견문이 좁은 사람은 마음도 좁아서 자기 상식이 전부인 줄 알고 낙오되어 살다 불쌍하게 간다.

인간은 다 비슷한 조건에서 출발한다고 생각해야 한다. 그런데도 어떤 이는 잘 되고 어떤 이는 잘 안 되기도 하는 것인데 대개의 사람들은 출발이 비슷했다는 것도, 과정의 능력과 노력에 차이가 있었다는 것도 까맣게 잊고 결과만을 놓고 결과의 불균형에 대해서만 불평을 품는다.

옮겨 적는 일은 생각보다 만만치 않았다. 손목도 아팠다. 그냥 읽기만 해도 가슴에 팍팍 와서 꽂히는데 뭘 굳이 손으로 쓰기까지 하나 싶었다. 그러나 묵묵히 백독백습을 실행하는 수밖에 없었다. 이 책 한 권만은 제대로 읽어보자는 오기도 생겼다. 정주영이 온갖 어려움 속에서 사업을 성공시켰듯 손목 인대가 늘어나도 기어이 해내고야 말겠다는 투지를 불태웠다.

몇 번이고 포기하고 싶은 순간이 찾아왔다. 그럴 땐 쓴 문장들을 반복해서 소리 내어 읽었다. 정주영의 마음으로, 정주영이 된 듯, 그가 겪은 상황에 몰입해서 문장에 집중했다. 쓰고 말하기 시작하자 읽는 속도가 더욱 빨라졌다. 한 달이 가까워질 무렵엔 어느 장을 펴도 내용이 환하게 머릿속에 들어왔다. 줄줄줄 외우다시피 하는 곳도 있었다.

신기한 것은 업무 속도가 눈에 띌 정도로 빨라졌다는 점이었다. 자료를 분석하고 이해하는 시간이 단축된 것은 물론 보고서를 작성할 때도 어려움 없이 문장을 쓸 수 있었다.

'어라? 일이 갑자기 쉬워 보이네? 책 한 권을 죽어라 읽었을 뿐인데…….'

마 본부장이 어려운 주문을 내려도 '일단 해보자!'는 생각부터 들었다. 어려운 점을 고민하기보다 가능한 지점을 먼저 찾았다. 일에서 흥미로운 요소를 찾을수록 긍정적인 힘이 솟았다. 한창 일에 몰두해 있다가 퇴근 시간을 잊을 때도 있었다.

* * *

"요즘 특수 훈련이라도 받으세요?"

승우가 점심시간에 농담을 건네듯 물었다.

"특수 훈련? 그게 뭐야? 그냥 열심히 책 읽는 것밖에 없는데."

"무슨 책을 읽으시는데요?"

"《시련은 있어도 실패는 없다》."

"누가 쓴 건데요?"

"현대 창시자인 정주영 회장의 자서전이야. 벌써 90번 넘게 읽었어."

"네? 90번이오? 그것만 읽는다고요?"

"응. 한 권의 책을 100번 읽는 중이거든."

"100번요? 에이, 농담이시죠?"

"성공한 사람의 마인드가 완전히 내 것이 될 때까지 읽는 방법인데 세종대왕의 백독백습을 따라 해보는 거야."

"말만 들어도 무시무시하네요."

"어때? 한번 해볼래?"

"아니요, 괜찮아요, 됐어요. 고 대리님이나 열심히 하세요."

고개를 저으며 멀찌감치 사라지는 승우를 보면서 현성은 웃음을 터뜨렸다. 처음엔 자신도 승우와 별 다를 것 없는 반응을 보였다. 하지만 지금은 도전해보길 잘했다는 생각이 들었다. 자신감도 생겼다. 특별한 기술이나 지식이 늘어서가 아니었다. 조금씩 마인드에 변화가 일어났던 것이다.

* * *

"그래, 자네는 인생에서 무엇을 원하나?"

"스스로의 노력으로 좋은 결과를 만드는 것입니다."

"오, 좋은 생각을 갖고 있군. 인생은 생각보다 짧다네."

"그렇기에 머뭇거릴 시간이 없습니다. 지금보다 더 강렬하게 살고 싶습니다."

"자네가 원하는 것을 반드시 이룰걸세."

어깨에 손이 닿는 감촉을 느꼈다. 현성은 눈을 번쩍 떴다. 꿈이었다. 현실처럼 생생한 꿈이었다. 목소리가 아직도 귀에 들리는 것 같았다.

'내가 정주영 회장과 대화를 나누다니!'

비록 꿈이었지만 가슴이 뿌듯했다. 확신에 찬 어조로 생각을 말했다. 원하는 것이 무엇인지 흔들림 없이 전했다. 누구 앞에서도 주눅 들지 않는 당당한 자신감은 꿈에서조차 원하던 것이었다.

자리에서 벌떡 일어나 불을 켰다. 날이 밝으려면 아직 두 시간쯤 기다려야 했지만 흥분 때문인지 잠이 오질 않았다. 《시련은 있어도 실패는 없다》를 펼쳤다. 앞으로 10번만 더 읽으면 100번을 채울 수 있다. 백독백습을 시작한 지 꼭 한 달째였다.

천재들의 고통

"고 대리, 이번 프로젝트는 유 과장과 한 팀으로 일하게."

"네. 알겠습니다."

대답을 하자마자 속으로는 '헉! 하필이면!'이라는 말이 나왔다. 설마 강석과 같은 팀이 될 것이라고는 생각도 하지 않았다. 게다가 강석과는 동갑이었다. 동갑내기 과장이 바로 옆에 있다는 것만으로도 기가 꺾일 판에 자신의 직속 상사라니 이래저래 마음이 쓰였다.

소문에 의하면 강석은 이 분야에서는 첫손에 꼽히는 스카우트 대상자였다. 사내에서도 엘리트 중의 엘리트였다. 책상머리에서 일만 하는 타입도 아니었다. 마 본부장도 강석에 대한 신임이 대단한 것처럼 보였다.

"유 과장님이오, 이독당 모임 때 하도 까칠하게 굴어서 좀 비뚤어진 사람인 줄 알았는데 일 하나는 기가 막히게 하시더라고요."

승우가 은근히 강석에 대한 이야기를 꺼냈다. 현성의 심기를 살피느라 대놓고 말은 못 하는 듯했지만 감동한 기색이 역력해 보였다.

"그래? 엘리트라더니 진짜 그런가 보네."

"쉽게 친해지긴 어려운 성격인 것 같지만 실력은 끝내줘요. 어제 모르는 게 있어서 여쭤봤더니 어찌나 명쾌하게 설명하시는지 눈이 새로 떠지는 것 같더라니까요."

"네가 심 봉사냐?"

괜스레 농담을 섞어 타박을 했지만 강석의 업무 스타일이 어떤지는 기획안만 봐도 알 수 있었다. 정확하게 업무를 파악할 뿐만 아니라 중요 포인트를 짚어 자기 의견까지 넣을 줄 알았다. 맡은 일을 기계적으로 하는 사람이 아니었다. 현성이 일주일 걸려 끙끙거리며 파악한 일을 그는 오전에 모두 끝냈다. 실제로 눈앞에서 자신보다 100배는 뛰어난 사람을 보니 비교가 될 수밖에 없었다.

백독백습(百讀百習)을 하든 천독천습(千讀千習)을 하든 업무 능력 차이가 보여주는 현실은 냉엄했다. 강석이 업무를 익히고 역량을 키우는 동안 겨우 책이나 읽고 구절이나 옮겨 적으면서 의기양양해했다는 사실에 자괴감이 들었다.

'아니야. 흔들리지 말자. 나는 내 방식대로 하면 돼.'

현성은 애써 마음을 수습했다. 그러나 유창한 영어로 바이어와 통화하는 강석을 보면 다시 결심이 무너졌다. 애를 써도 넘을 수 없던 영어의 벽이었기에 씁쓸함은 더 컸다.

'지금부터라도 영어 학원에 다닐까?'

며칠 새 업무 집중도가 떨어졌다. 보고서 하나 쓰는 걸로 오후 반나절을 끙끙거렸다. 아무리 노력해도 강석을 따라잡을 수 없다는 생각은 스스로를 패배자로 낙인찍는 것과 같았다. 강석을 보면 볼수록 부정적인 생각을 멈출 수가 없었다.

'노력이 재능을 앞지를 수 있을까? 죽어도 저 사람처럼 되지 못하는 건 아닐까? 아냐, 이런 생각은 나한테 도움이 되지 않아. 힘을 내자. 그래도……죽도록 노력만 하는 건 너무 바보 같아. 타고난 재능이 있는 사람을 무슨 수로 이겨. 아, 하필이면 같은 프로젝트를 맡을 게 뭐람.'

쉽게 하던 일마저 벅차게 느껴졌다. 정주영의 마인드를 복사하기 위해 노력했던 한 달이 갑자기 우스워졌다. 위대한 정주영으로 가는 길은 가파르고 더뎠지만 평범한 고현성으로 되돌아오는 길은 눈 깜박할 새였다. 그동안 생겨났던 자신감이 이토록 일시적이고 나약한 것이었던가, 자신이 한심스럽기 그지없었다.

기운이 쏙 빠져 전화를 하자 지후는 앨버트 칸이 엮은《첼리스트 카잘스, 나의 기쁨과 슬픔》을 읽고 만나자고 했다. 인터넷 서점에서 주문한 책이 도착하자마자 물에 빠진 사람이 지푸라기라도 잡는 심정으로 책을 읽어 내려가기 시작했다.

에스파니아 카탈루냐 마을의 가난한 오르간 연주자의 장남으로 태어나 20세기 최고의 첼리스트가 된 카잘스의 삶은 정주영과는 또 다른 감동을 주었다. 책을 읽는 내내 메마른 대지에 촉촉한 단비가 내리듯 가슴에 작은 파문이 일었다.

책을 읽고 흥미가 생겨 생전 처음 첼로 연주도 들었다. 카잘스의 대표 연주곡으로 손꼽히는 〈바흐의 무반주 첼로 모음곡〉이었다. 묵직한 저음이 이어폰을 통해 귀로 들어오는 순간 카잘스의 영혼이 숨결을 불어넣는 것 같아 전율을 느꼈다. 클래식 음악이라면 손사래부터 쳤던 현성이었다. 1분도 안 돼 졸음이 쏟아지는 지루한 음악이었다. 중·고등학교 시절 음악 시간에 모두 같은 음악처럼 들리는 곡을 듣고 제목을 써야 하는 일은 고역이었다.

"그랬던 내가 말이지! 이거야 원. '우리 현성이 이렇게 변했어요' 잖아."

첼로의 선율이 어느 걸그룹의 음악보다 귀에 착 감겼다. 첼로는 사람의 목소리와 가장 가까운 음색이라고 했다. 연주를 들으면서 잊고 있던 감성이 되살아나는 것을 느꼈다. 감정의 두꺼운 껍질이 한 꺼풀씩 벗겨지며 봄날 새잎처럼 연한 속살이 드러났다. 고요한 밤이면 방 안의 불을 끄고 음악을 들었다. 낮은 소리가 따뜻하게 마음을 감쌌다.

예술가에 대한 인식이 카잘스의 책을 읽으면서 바뀌었다. 천재적인 예술가는 일에 싫증을 느끼는 일이 없을 거라고 생각했다. 고통이나 좌절도 겪지 않고 사람들의 박수갈채를 받으며 부와 명예를 누리면서 행복할 것이라고 생각했다.

그러나 카잘스는 일자리를 찾아 헤매다가 과로와 영양실조로 쓰러진 적이 있었다. 아무도 불러주지 않아 차비는 물론 먹을 것도 없던 적이 있었다. 무대공포증에 걸려 심장의 격렬한 통증 때문에 80년이 넘도록 고생했다. 연주를 할 때마다 죽을 것 같은 고통을 느꼈다. 손이 바위에 깔리는 사고를 당했을 땐 두 번 다시 첼로를 연주하지 못하면 좋겠다는 생각까지 했다.

타고난 재능은 때로는 저주가 되는 것인지도 몰랐다. 재능을 단순히 즐기는 사람과 그 재능으로 먹고사는 사람 사이의 간극은 상상을 초월한 것이었다. 많은 신동들이 세월이 흐르면서 평범한 사람이 되는 것도 어찌 보면 이상한 일이 아니었다. 신경을 긁어대는 극한의 긴장감을 누가 쉽게 견딜 수 있을지 생각하는 것만으로도 현성의 몸에 소름이 돋았다. 그러나 카잘스는 극한의 고통 속에서도 온 마음과 열정을 바쳐 음악을 사랑했다.

내가 예술가라는 것은 사실이지만 예술을 실현하는 과정을 보면 역시 하나의 육체노동입니다. 나는 일생 내내 그래왔어요.

거의 모든 경우 수월한 연주는 최고의 노력에서만 나오는 결과입니다. 예술은 노력의 산물입니다.

마음을 울린 말을 노트에 정성껏 옮겨 적었다. 몇 번을 음미해도 바흐의 〈파르티타〉처럼 긴 여운을 남기는 말이었다. 카잘스가 한 말을 노트에 옮겨 적고 읽고 외우느라 몇 날 며칠 동안 새벽까지 현성의 방에 불이 꺼질 줄 몰랐다.

재능보다 뛰어난 무기를 써라

"타고난 재능이 있어도 그건 그것대로 힘든가 봐요."

현성은 카잘스를 떠올리며 말을 꺼냈다. 재능이 사람을 꼭 행복하게 하는 것만도 아닌 것 같았다. 예술가들의 삶을 보면 지나친 재능에 압도당해 미치기까지 하는 경우도 종종 있었다.

"재능도 물론 중요하죠. 어린 나이에 이미 눈부신 두각을 드러냈던 카잘스에게도 물론 타고난 재능이 있었고요. 하지만 타고난 재능, 타고난 적성이 성공의 절대 요인이라면 아마도 예술계는 성공한 사람들로 넘쳐날 거예요. 그런데 오히려 성공한 사람들은 아주 극소수에 불과하죠."

"타고난 재능이나 적성보다 더 큰 어떤 요인이 있다는 뜻인가요?"

"네. 그것이 무엇인지 아시겠어요?"

"일을 사랑하는 마음인가요?"

머뭇거리는 현성의 말에 지후가 빙그레 웃었다.

"알고 있는 대답 말고 새로 찾은 걸 말해보세요."

"카잘스의 삶에 빠져 있느라……."

생전 처음 들어본 첼로 연주에 심취해 있었기 때문이라는 말은 차마 하지 못했다. 알고 있는 대답을 좀 더 멋있게 말할 수밖에 없었다.

"자신의 의지를 발휘해 일을 사랑하는 마음. 그리고 마침내는 일과 하나 되어 나 자신마저 황홀하게 잊어버리는 경지가 아닐까요?"

"맞아요. 그렇다면 무엇이 그것을 가능하게 할까요?"

다시 말문이 막혔다.

"아무리 생각해도 재능인 것 같아요."

지후가 슬며시 미간을 좁히는 걸 보고 현성은 머리를 긁적거렸다. 재능이 전부가 아니라는 얘기를 한 지 5분도 지나지 않았다. 민망한 마음에 얼른 화제를 돌렸다.

"적성 운운했던 것도 배부른 소리였어요. 적당히 핑계를 대고 싶었던 거죠. 지금 하고 있는 일이 적성에 안 맞는다고 단정 지을 수도 없고요."

말꼬리를 슬며시 돌리는 현성을 보며 지후가 다시 이야기를 원점으로 돌렸다.

"천재들은 엄청난 노력가이기도 해요. 남들보다 강도 높은 노력을 기울이는 것이야말로 진정한 재능인지도 모르죠."

"노력이야말로 재능이라고요?"

"주변을 한번 보세요. 감동받을 정도로 노력하는 사람이 있나요?"

주변에 아는 사람들을 한 명씩 떠올려보았다. 노력하는 모습은 본 적 있지만 감동받을 정도는 아니었다.

"카잘스는 나이 90이 넘어서도 첼로 연습을 매일 여섯 시간씩 했어요. 왜 그렇게 열심히 연습을 하냐고 기자가 물었죠. 책에 뭐라고 쓰여 있던가요?"

"그게 저……."

분명히 주의 깊게 읽었는데 생각나지 않았다.

'혹시 내가 읽은 책이 아니라 카잘스의 다른 책에 나오는 이야기가 아닐까? 그렇지 않고서야 그렇게 중요한 대목을 놓칠 리가 없잖아.'

"그 책에 나오는 거 맞아요."

'정말이지 이 사람은 독심술을 하는 게 틀림없다'고 현성은 생각했다. 기억상실증에 걸린 것도 아닌데 번번이 무슨 질문을 할 때마다 기억나지 않는다는 말을 하기에도 겸연쩍었다. 지후가 대신 대답했다.

"연습할수록 첼로 실력이 조금씩 나아지니까."

"에이, 세계 최고의 첼리스트였는데 실력이 조금씩 나아지고 있다니요? 너무 겸손한 분 아니에요?"

좀 더 멋진 이유도 있을 터였다. 예를 들면 "첼로는 나의 운명이니까"라든가 "나는 첼로로 호흡한다"라든가. 90세가 넘어서도 몇 시간씩 연습하는 이유가 고작 실력이 조금씩 나아지고 있기 때문이라니 너무 초보 연주자 같은 대답이라는 생각이 들었다.

"카잘스가 사고를 당해 연주자로서 생명을 잃을 뻔한 이야기를 아시죠?"

"네. 미국으로 첫 연주 여행을 떠났던 20대 후반에 일어난 일이었죠. 더 이상 연주를 하지 않아도 된다는 생각에 감사의 기도를 올렸다죠."

"왜 그런 마음을 가졌을까요?"

"연주가 힘들어서 그랬을까요? 저도 일하는 게 힘들 땐 차라리 회사가 무너지길 바랄 때도 있거든요."

평범한 자신도 스트레스를 받을 땐 지구가 멸망하거나 외계인에게 납치당하는 꿈을 꿀 정도인데 예술가는 오죽하랴 싶었다. 그러나 지후는 생각과는 다른 말을 했다.

"냉정한 현실을 알았기 때문이 아닐까요?"

"현실이 왜요?"

이해되지 않았다. 카잘스는 겨우 20대 후반의 나이에 세계 연주 여행을 떠났다. 그 정도면 촉망받는 첼리스트로서 냉정한 현실이 아니라 장밋빛 인생이었을 것이다.

"눈을 떠도 연습, 꿈에서도 연습, 하루 24시간을 연습할 정도로 첼로를 사랑하던 그도 연습하면 할수록 깨달았죠. 자신에게 재능이라곤 발뒤꿈치의 때만큼도 없고, 첼로 연주는 자신에게 맞지 않으며, 심지어 연주가 두렵기까지 하다는 사실을요."

"카잘스 같은 천재가 왜 그런 생각을……."

"좋아하는 일을 직업으로 삼고 있을 뿐 자신이 바라는 목표엔 죽었다 깨어나도 도달하지 못할 것이라는 사실을 직면했을 때 견딜 수 있는 사람이 몇이나 될까요?"

"……."

"하지만 그는 결국 멋지게 극복해냈죠. 의사한테 다시는 첼로 연주를 할 수 없을 거라는 말을 들었는데도 말이죠."

"무엇이 그것을 가능하게 했나요?"

"노력이죠."

지후가 진지한 음성으로 말했다. 현성도 따라서 '노력'이라는 두 글자를 중얼거렸다. 흔하게 쓰는 말이었지만 카잘스의 노력에는 처절한 무엇이 배어 있었다.

"어떤 일을 하느냐는 두 번째 문제예요. 중요한 건 고통스러운 일도 기쁨과 전율을 느끼는 일로 바꿀 수 있느냐 없느냐 하는 것이고요. 즉 일을 '어떻게' 하느냐가 중요한 거죠."

"그 '어떻게'에 해당하는 것이 노력인가요?"

지후가 고개를 끄덕였다.

"네, 끊임없는 노력이야말로 우리가 카잘스에게 배워야 하는 것이랍니다."

꿈에서조차 연주할 정도로 노력했던 카잘스는 90세가 넘은 노인이 되어서도 하루에 여섯 시간 이상씩 연습하는 걸 멈추지 않았다. 지후가 말을 이었다.

"90세 넘어서까지 정열적으로 일을 할 수 있을지 확신할 수는 없어요. 하지만 굳이 그때까지 기다릴 필요는 없지요. 내일 당장 시작하면 되는 업무부터 노력하면 되니까요."

"타고난 재능이 없는 사람이 가진 최대 무기는 '노력'이네요."

현성은 강석이 떠올랐다. 그가 저절로 지금의 실력을 갖게 된 것은 아닐 터였다. 현성은 굽혔던 허리를 쭉 폈다. 카잘스의 이야기를 듣고 감명을 받았다고 해도 자신이 놓인 객관적 상황은 변한 게 없었다. 다만 조금 더 노력하자는 생각이 들었다. 사람이나 사건, 혹은 상황 탓을 하기보다 현재 자신의 마음가짐을 돌아볼 필요가 있었다. 현성은 두 주먹을 불끈 쥐었다.

'해보지도 않고 포기부터 하진 말자. 노력은 결코 헛되지 않고 반드시 열매를 맺는 법이니까.'

의욕과 결과가 엇갈릴 때

“고 대리님, 서류 다 챙기셨죠?”

“그럼. 몇 번이나 확인했으니 틀림없어.”

“그래도 제가 한 번 더 확인해볼까요?”

“어이구, 시어머니처럼 왜 그래? 한두 번 하는 계약도 아니고.”

“하하……. 그렇죠? 못 믿어서가 아니라 그 거래처는 굉장히 깐깐하다는 소문이 있어서요.”

“알아. 그래서 만반의 준비를 했으니까 걱정 마.”

승우의 등을 툭툭 쳐주고 현성은 사무실을 나섰다. 가방 안에는 생각만으로도 가슴이 뛰는 계약서가 들어 있었다. 한 달을 공들인 끝에 드디어 최종 계약을 하는 날이었다. 원래는 강석과 같이 가는 자리였지만 그는 새로운 기획 때문에 마 본부장과 바이어를 만나는 현장에 가 있었다. 승우는 사무실에서 상황을 주시하며 조정자 역할을 해야 했기에 자리를 뜰 수가 없었다.

강석과 함께 한 프로젝트였기에 혼자 힘으로 다 해냈다고 할 수는 없지만 어쨌든 자신이 주도적으로 움직여 성사시킨 일에 계약서를 쓰는 것은 처음이었다. 너무나 설레서 어젯밤엔 잠이 오질 않았다. 이제야 번듯한 직장인이 됐구나 싶었다. 우스개로 '대리는 달아야 회사에서 인간이 된다'고들 하는데 정말로 큰 몫을 하고 있는 기분이 들어 가슴이 벅찼다. 저절로 회심의 미소가 나왔다.

등 뒤에는 정주영이 있었고 카잘스도 있었다. 게다가 세종대왕도 실천했다는 백독백습도 꾸준히 하고 있다. 성공하는 사람의 마인드를 가지고 일을 한다는 게 무엇인지 실감났다. 어려움을 느낄 때마다 정주영이라면 어떻게 했을까, 카잘스라면 어떻게 했을까를 묻고 또 물었다. 마치 오너가 된 듯 자신감이 생겼다. 사무실을 나서는 현성의 발걸음은 발목에 날개라도 단 듯 가벼웠다.

* * *

"고 대리님, 자신이 무슨 짓을 했는지 알고는 있습니까?"

강석의 깍듯한 존칭이 서릿발보다 매서웠다. 마 본부장에게 불려갈 때보다 동갑내기 과장의 노여움 앞에서 더 긴장되었다. 차라리 마 본부장에게 깨진 것이라면 "잘못했습니다"라고 시인하겠건만 죄송하다는 말이 혀끝에서만 맴돌 뿐 차마 입 밖으로 나오지 않았다.

"회사 1, 2년 다닙니까? 저쪽에서 당장 거래 끊겠다고 불같이 화를 내고 있는 거 아십니까? 이번 일 어떻게 만회할 겁니까!"

실수라고 하기엔 사태가 심각했다. 재고를 한 번 더 확인하지 않고 입고 날짜만 맞춰 계약서에 사인을 해버린 것이다. 물량이 확보되지 않았다는 사실을 안 건 사나흘이 지난 다음이었다. 이미 날짜에 맞춰 납품을 하기엔 불가능했다. 초보도 저지르지 않는 어이없는 실수를 해버린 것이다.

거래처는 말할 것도 없고 협력 업체에서도 항의가 빗발쳤다. 심지어 다른 부서에서 전략본부를 싸잡아 비난하는 소리까지 들렸다. 결국 마 본부장과 강석이 직접 거래처를 찾아갔다. 세 시간이 넘는 설득 끝에 생산 라인을 풀가동해서라도 한 달 안에 무조건 기한을 맞춘다는 타협을 극적으로 끌어냈지만 그만큼 회사의 손해도 컸다.

"고 대리, 잠깐 나 좀 볼까?"

회의실로 불려 들어간 현성은 지금까지와는 비교가 되지 않을 정도로 마 본부장에게 호되게 혼나기 시작했다. 입이 10개라도 할 말이 없었다.

"회사가 애들 놀이터야? 여긴 혼자 잘난 척하는 곳이 아니야!"

"잘못했습니다."

"자네는 팀의 일원이자 회사의 일원이야. 전체를 보는 눈을 길러. 혼자만 잘해서 성사되는 일은 없어. 이번 일은 팀은 물론 회사 전체를 무시한 거야."

"죄송합니다."

"앞으로 유 과장과 모든 걸 공유하고 의논해."

다행히 시말서를 쓰는 일만은 면했다. 하지만 이번 일로 기가 크게 꺾였다. 나름대로 정주영과 카잘스에게서 배울 점을 찾아 성공하는 사람의 마인드를 가지고 일을 해보려 했던 것이 감당할 수 없는 결과를 불러오자 적잖이 혼란스러웠다. 납품 일자를 그렇게 당겨 잡은 것도 사실은 '내가 오너라면 어떻게 했을까?'라는 생각에서부터 시작됐다. 가만히 있어도 성사되는 일이 아니라 불가능해 보이는 것을 가능하게 만드는 것이야말로 오너의 마인드라고 생각했던 것이다. 비록 결과는 의욕과는 반대로 돌아왔지만 말이다.

'주제넘은 짓을 했어.'

'뭐가 성공하는 사람의 마인드고 오너의 방식이란 말이냐.'

'정주영? 카잘스? 야, 고현성, 뛰어봤자 네가 벼룩이지.'

'황새 쫓아가다 뱁새 가랑이 찢어진다더니, 꼭 그 꼴이구나.'

1초 단위로 온갖 생각들이 거대한 파도가 되어 밀려왔다 사라지고, 방금 전보다 더 세차게 밀려왔다. 현성은 심신이 너덜너덜해진 채 회의실에서 좀비처럼 걸어 나왔다. 승우가 걱정스러운 얼굴로 쳐다보고 있었지만 차마 승우를 볼 낯이 없었다. 고개를 푹 숙인 채 강석에게 갔다.

"저기, 제가 책임져야 할 일이……."

"됐습니다."

얼음이 뚝뚝 떨어지는 목소리였다. 그렇다고 "네, 알겠습니다"라고 고개를 꾸벅 숙이고 끝낼 수도 없었다.

"거래처에는 제가 다시 한 번 더 사과를……."

"자기 일이나 똑바로 잘하세요!"

강석이 쐐기를 박듯 야멸차게 말했다. 현성은 얼굴이 벌게진 채로 자리로 돌아왔다. 당분간 어떻게 다른 사람들 얼굴을 볼지 면목이 서지 않았다. 당장 회사 전체로 소문이 빠르게 번져나갈 텐데 이독당 모임 땐 또 어떻게 해야 할지 한숨만 나왔다. 아무리 생각해도 답이 나오질 않았다. 이럴 때 생각나는 이름은 딱 하나였다.

* * *

"그런 일이 있었군요."

"한바탕 난리를 겪은 후라 앞으로 어떻게 해야 할지 모르겠어요. 이독이고 뭐고 다 그만두고 싶어요."

현성의 목소리에는 기운이 하나도 없었다. 두 달 사이에 2년은 폭삭 늙은 듯했다.

"어느 때보다 의욕적으로 일하셨네요. 그 자체는 나쁘지 않다고 봐요. 오히려 일을 향한 열의는 훌륭했잖아요? 다만 일을 하는 방법이 좀 서툴렀던 것 같네요."

"일을 하는 방법이오?"

"성공하는 사람의 마인드로 회사 일을 하고 싶으셨던 거죠?"

"네! 바로 그거예요."

비록 일을 그르치기는 했지만 마음을 알아주는 지후가 너무나 고마웠다.

"현성 씨가 안전하게 회사에서 시키는 일만 했다면 핀잔 대신 오히려 일을 잘한다는 평가를 받았겠죠. 하지만 그동안 직원의 마인드로 시키는 일만 하셨던 것도 사실이잖아요?"

"그렇죠."

"도전은 안 하고 안전 위주로 살다 보니 자신도 모르게 직원의 방식에 익숙해진 거고, 이번에 일처리도 그런 마인드에서 나온 것 아닌가요? 그게 도리어 회사에 손해를 입히는 결과를 불러온 것이고요."

답답한 마음속 안개가 걷히기 시작했다. 지속적으로 책을 읽고 마인드를 습득하는 과정에서 고용인의 마음으로는 성공할 수 없다는 것을 깨달았다. 마음이 먼저 주인이어야 한다고 믿었기에 주어진 일만 하던 예전과 달리 찾아서 적극적으로 일을 밀어붙였다. 그러나 그로 인해 벌어진 참담한 결과를 놓고 보면 아직은 부족한 점이 많았다.

"이제 저는 어떻게 해야 하나요?"

"다시 책에서 답을 구해야죠."

"이런 상황에도 또 책이라고요?"

"물론이죠. 이독을 하고 있는 중이잖아요."

책이라면 당분간 보기도 싫었다. 정주영도 카잘스도 몰랐다면 이런 일이 벌어지지 않았을 것 같아 애꿎은 책만 탓했다. 하지만 현성이 어떻게 생각하든 지후는 독서에 대해 흔들림이 없었다.

'휴우, 할 수 없지.'

현성은 속으로 몰래 한숨을 내쉬며 물었다.

"이번엔 무슨 책인가요?"

"존 템플턴의 《템플턴 플랜》요."

'템플턴? 유턴이라면 아는데 템플턴이라니?'

생소한 이름이었다. 제법 많은 책을 읽었다고 생각했는데 여전히 처음 들어보는 저자가 많았다. 세상은 넓고 책은 끝도 없이 많기만 했다. 현성은 지후와 헤어지자마자 서점으로 곧장 갔다. 인터넷으로 주문할 마음의 여유조차 없었다. 이번 위기만 극복할 수 있다면 한 권이 아니라 100권도 읽을 수 있을 것 같았다. 서점에는 템플턴에 대한 책이 다양하게 출간되어 있었다.

'월가에서 가장 존경받는 인물이라고?'

책 표지에 쓰인 문구를 보고는 선 채로 읽기 시작했다.

> 삶이 당신에게 어떤 것을 가져다 주느냐보다는 당신이 어떤 자세로 살아가느냐에 따라 당신의 삶은 결정된다. 무슨 일이 당신에게 일어나는가보다는 당신이 어떤 마음으로 그런 일을 바라보는가에 따라 당신의 삶은 결정된다. 당신에게 주어진 환경은 당신의 삶에 색칠을 할 수 있다. 하지만 그것이 어떤 색깔이 될 것인지를 선택하는 것은 당신의 마음이다.

단순히 여기저기에서 짜깁기한 내용이 아니었다. 삶을 통해 직접 경험하고 깨우친 살아 있는 말들로 가득 차 있었다. 현성은 지후가 권한 《템플턴 플랜》 말고도 몇 권을 더 샀다. 읽는 김에 템플턴에 대해 좀 더 자세히 알고 싶었다.

눈으로만 읽지 말고 제대로 읽기

템플턴은 타고난 부자는 아니었다. 학비가 없어 친척에게 대학 등록금을 빌리기도 했다. 검소함이 몸에 배어 있었고 돈을 벌기 시작하면서도 사치와는 거리가 멀었다. 가장 싼 집을 구했고 가구는 거의 주변에서 주워오거나 경매시장에 나온 중고 물건을 구입했다. 지인들이 템플턴의 집을 보고는 '케케묵은 다락방 스타일'로 꾸몄다고 말할 정도였다.

그는 평생 저축과 절약을 강조했다. 가난하지 않던 시절에도 마찬가지였다. 템플턴이 만나던 사람들은 모두 호화 주택에 살며 스포츠카를 타고 명품만 골라 입는 부류였다. 그러나 그는 마음속에서 우러나오는 가치와 신념에 따라 행동했다. 무엇보다 자신이 이룬 것을 다른 사람들과 나눌 줄 알았다.

우리는 자신이 생각하는 것보다 훨씬 더 많은 재능을 갖고 있다. 이런 재능을 찾아내 우리의 능력을 최고로 만드는 것은 다름 아닌 우리 자신에게 달려 있다. 또 우리 자신의 능력을 개발하면서 다른 사람들도 자신의 능력을 개발하도록 도와야 한다. 자기 자신만을 생각하는 것이 아니라 다른 사람들도 그들 자신의 능력을 발견하고 개발할 수 있도록 돕는 것이 진정으로 우리가 해야 할 일이다. 다른 사람들을 도움으로써 자기 자신도 돕는 것이다.

우리는 다른 사람들에게 감사해야 한다. 일을 하건, 집에 있건, 친구와 함께 있건, 어떤 상황에서도 우리는 믿음을 주고자 노력해야만 한다. 우리의 영혼도 겸손해야 한다.

몇 번씩 밑줄을 긋게 만드는 말들이었다. 진솔한 경험에서 나온 말들이었기에 더 큰 울림으로 다가왔다. 새삼 이독당에서 서로 돕자고 했던 말이 부끄러웠다. 진정으로 남을 돕는 게 자신을 위하는 일이 된다고는 생각하지 않았다. 지난번 일에서 실수를 했던 것도 당장 눈앞의 성공에 눈이 멀었기 때문이었다.

'나만 잘하면 된다고 생각하며 일했어. 내 일도 벅찬데 누군가를 돕는 건 팀장이나 본부장이 된 후에 해도 된다고 여겼지. 큰 그림을

못 보고 있었구나.'

책은 금방 밑줄로 가득 찼다. 특히 '마지막 땀 한 방울의 교훈'이라는 대목은 연거푸 세 번을 반복해서 읽었다. 성공한 사람들은 언제나 남들보다 조금 더 일한 사람들이었다. 죽도록 많이 한 것도 아니었다. 단지 조금 더 했을 뿐이었다. 그러나 작은 차이가 결정적 결과를 만들어냈다.

* * *

"그래서 저도 요즘엔 무슨 일이든 5분 더 하고 있어요. 퇴근할 때도 그렇고 오전 업무를 할 때도 그렇고."

은근히 칭찬을 기대했건만 오히려 지후는 현성을 의아하다는 듯 바라보았다.

"현성 씨는 이미 5분이 아니라 남들보다 더 많은 시간을 일하고 계셨잖아요."

"네, 그러긴 했죠."

"그런데 왜 아직까지 템플턴처럼 성공하진 못하신 거죠? 그는 입사 1년 만에 부사장으로 승진했는데요."

"어어? 책에 그런 내용이 있었나요?"

"책을 다 읽으신 건 맞죠?"

지후가 얼굴에 슬며시 미소를 띠었지만 눈빛만은 냉정했다.

"그럼요. 아, 난 왜 그 내용을 못 봤지?"

고개를 갸웃거렸다. 이번이 벌써 세 번째였다. 분명히 같은 책일 텐데 이상하게 지후가 짚어대는 대목마다 자신은 놓칠 때가 많았다.

"정말 이상하네. 그렇게 놀라운 얘기를 왜 저는……."

"제 생각엔 아마 입사 1년 만에 부사장이 될 수 있다는 생각 자체를 현성 씨가 인정하지 않았기 때문 같아요. 현실적으로 불가능해 보이는 일이니까 읽으면서도 그냥 무심히 지나치신 거 아닐까요?"

"아!"

"현성 씨만이 아니겠죠. 평사원이 1년 만에 부사장이 된다는 건 아마 우리나라 직장인이라면 누구나 불가능하다고 생각할 테니까요. 실제로 그런 시스템이기도 하고요."

불가능하다고 생각하는 정도가 아니라 그 생각 자체가 머릿속에 들어 있지 않았다. 그러니 현실에서 이룰 가능성도 제로였다. 마음을 철갑처럼 두르고 있던 둔탁한 틀이 툭 깨지는 것이 느껴졌다. 사고방식이 얼마나 중요한지 절감하는 순간이었다.

"그런데 현성 씨가 진짜로 열심히 읽은 부분이 어디예요?"

"사실은 투자……비……법요. 자신에게 약 9000만 원 정도를 투자한 사람들에게 나중에 500억 원 가까운 이익을 안겨줬다는 부분을 읽는 순간 정신이 번쩍 들더라고요."

"미국과 우리나라 주식시장은 매우 달라요. 함부로 따라 할 건 아니죠."

"그래도 그렇게 큰돈을 벌 수 있는 기회는 흔치 않잖아요."

"돈에 관심이 많으신가요?"

"돈에 관심이 없는 사람도 있나요? 돈이 인생의 전부는 아니지만 없으면 피곤하죠."

현성은 아직도 다 갚지 못한 대출금을 떠올렸다. 저절로 한숨이 나왔다.

"그래서 주식투자라도 하고 싶으세요?"

"사실 회사에서도 주식과 펀드를 스마트폰으로 수시로 체크하면서 돈을 벌었다느니 어쨌다느니 하는 사람들의 말을 들으면 나도 합류해야 하지 않나 하는 충동이 막 들어요. 엊그제도 누가 주식투자로 1년 만에 1000만 원 넘게 벌었더라고요. 10년이면 1억 아닌가요? 엄청난 돈이죠."

"그렇다면 이 책이야말로 돈 버는 방법을 제대로 알려주는 책이겠네요. 《템플턴 플랜》은 단지 회사에 다니는 것만으로도 10년에 적게는 10억, 많게는 100억 이상을 버는 방법을 가르쳐주고 있으니까요."

"네? 정말요? 책에 그런 내용은 없었는데. 어디에 있어요?"

현성은 깜짝 놀라서 책을 꺼냈다. 여기저기 밑줄 그은 부분을 다시 읽고 책장을 넘기며 확인해도 지후가 말한 내용은 보이지 않았다.

"어디에도 없는걸요. 아, 혹시 주식투자 하세요? 제게도 가르쳐 주시려고요?"

반색하는 말투로 다급히 물었다. 지후가 곤란한 표정으로 쓴웃음을 지었다.

"전 주식도 모르고 투자엔 관심이 없어요. 단지 템플턴의 승진 비법을 알려주고 싶을 뿐이죠."

"1년 만에 부사장으로 승진한 비결이오?"

"네. 생각해보세요. 현성 씨가 회사 일에 가장 정통한 사람이 된다면 직위는 순식간에 올라가겠죠. 억대 연봉에 이어 10억 원대 연봉도 가능할 거고요. 후일 업계 최고가 된다면 천문학적인 연봉을 제시하면서 영입하려는 회사가 줄을 설 테죠. 그럼 수입이 지금보다 얼마나 늘어날 것 같은가요?"

"최소 100배 이상은 되겠죠."

"진정한 투자는 자기 자신에게 하는 거예요."

현성은 말없이 자신의 두 손만 바라보았다. 정직하게 일해온 손이었다. 하지만 쉽게 돈을 벌고 싶은 손이기도 했다.

"주식투자가 나쁘다는 의미가 아니에요. 자기 분야에서 최고가 된 후 관심을 쏟아도 되는 분야라는 의미지요."

'일을 잘해서 그만큼의 돈을 벌 수 있다면!'

생각은 다시 회사 일로 돌아왔지만 투자에 대한 유혹을 완전히 뿌리치기는 힘들었다. 직장에 다니며 월급을 받는 것이 돈을 버는 가장 정직한 방법이긴 했다. 하지만 어느 세월에 빚을 갚을지 장담할 수 없는 노릇이었다.

'월급쟁이 10년 해봐야 집이나 한 채 장만할 수 있을까? 그리고 투자가 꼭 나쁜 것일까?'

빚에서 벗어날 수만 있다면 투자가 아니라 투기라도 해보고 싶은 게 솔직한 심정이었다. 그러나 현성의 마음속에서 휘몰아치는 생각의 소용돌이를 아는지 모르는지 지후는 다시 템플턴 이야기로 돌아갔다.

"다시 템플턴 이야기로 돌아갈까요? 그가 그렇게 빨리 승진할 수 있었던 이유가 뭘까요?"

"음……잠깐만요. 기억이 날 것도 같아요."

현성은 책에 있던 내용을 생각하며 책장을 넘겼다.

"아, 여기 있네요. 그는 적어도 한 달에 한 번은 상사를 찾아가 이렇게 물었어요. 제가 맡은 일을 더 잘하려면 어떻게 해야 합니까? 이 질문은 두 가지 결과를 가져왔어요. 하나는 일을 더 잘하는 법을 배운 것이고 또 하나는 그가 일을 더 잘하기 위해 얼마나 진지하게 노력하는지 그의 상사가 알게 된 것이죠. 그래서 그는 1년 만에 재무담당 부사장으로 승진했고요."

"단지 일을 잘하는 방법만 배운 게 아니었어요. 더 중요한 건 경영자의 사고방식을 배운 거죠. 그것을 철저하게 익혔기에 직원의 사고방식에서 벗어날 수 있었죠."

"그럼 책을 통해서가 아니라 사람을 통해서 직접 배운 거잖아요. 강력한 성공을 신속하게 거두는 방법은 역시 사람을 통해 직접 배우는 것이군요. 책보다 사람이 우선이라면 굳이 힘들게 책을 읽을 필요가 있나요?"

"물론 사람에게서 배우는 것도 크죠. 하지만 템플턴은 최고의 독서가이기도 했어요. 평생에 걸쳐 성공의 비결을 탐구했죠. 여러 권의 책을 통해 그 비결을 세상에 밝히기도 했고요. 만일 그가 독서를 하지 않았다면 신입 사원에서 어떻게 1년 만에 고속 승진이 가능했겠어요? 실제로 그는 성공을 준비하는 사람은 늘 도서관을 끼고 다닌다는 말을 했죠. 단 몇 분의 시간도 헛되이 쓰지 않고 늘 책을 읽었고요."

"아, 역시 성공 뒤에는 독서가 있군요."

현성은 회사에서 자신이 배우고 싶은 사람을 떠올려보았다. 기왕이면 최고의 직위에 있는 사람에게 배우고 싶다는 욕심이 들었다. 사장과 부사장을 떠올렸다. 하지만 용기 있게 찾아가기엔 그다지 내키지 않았다.

"저도 템플턴처럼 하고는 싶은데 우리 회사 부사장은 낙하산이라는 소문이 파다해요. 그렇다고 사장님을 멘토로 삼기엔 너무 부담스럽고요."

"하하하. 멘토로 삼고 싶다고 그들이 멘토가 되어주긴 하고요? 현성 씨가 당장 멘토로 삼아야 하는 사람은 사장이나 부사장이 아니에요."

"아, 그것도 그러네요. 그럼 누가 좋을까요? 마 본부장님인가요?"

"아니요."

"그럼 대체 누구를……?"

"가까운 곳에 있잖아요."

"가까운 곳 누구요?"

"유강석 과장님."

"네에에에?"

어떤 말을 들었어도 이렇게 놀라지는 않았을 것이다. 말할 때마다 얼음이 뚝뚝 떨어지고 엘리베이터 앞에서 만나도 눈도 마주치지 않으려고 하는 그 사람을 멘토로 삼으라니!

"말도 안 돼요! 농담이시죠?"

"자신을 부정적으로 대하는 상사도 내 편으로 만들지 못하면서 어떻게 성공하겠다고 하시는 거죠? 일을 배울 때 감정을 앞세우는 건 애들이나 하는 짓이잖아요."

"맞는 말씀인 건 알겠어요. 그래도 이건, 이건, 너무 당황스러워요.”

“한 가지만 물을게요. 현성 씨와 유 과장님, 둘 중에서 누가 더 회사 돌아가는 상황을 잘 알죠?”

“유 과장님이오.”

“누가 더 일을 잘하나요?”

“유 과장님이오.”

“누가 더 사장이 될 가능성이 많은가요?”

“유 과장님이오.”

“그럼 누구에게 배워야 하나요?”

“……유 과장님이오.”

입이 찢어져도 말하기 싫었지만 수긍할 수밖에 없었다. 그러나 말과 달리 표정은 벌레 씹은 얼굴이었다. 그 모습을 보던 지후가 크게 웃으며 한마디를 덧붙였다.

“깨달았으면 당장 실천하셔야죠.”

적을 멘토로 삼다

"무슨 할 말이라도?"

"아, 아니요."

"그럼 제 의견이 필요한가요?"

"그것도 아니고요."

"그럼, 제 얼굴에 뭐라도 묻었나요?"

"하하하. 그런 게 아니라……."

"그럼 가서 일 보세요!"

현성은 무안한 얼굴로 자리로 돌아왔다. 강석 앞에서 괜히 얼쩡거리다가 면박만 당한 셈이었다. 승우가 슬그머니 자리로 오더니 조심스럽게 물었다.

"고 대리님, 오늘 왜 그러세요?"

"응? 왜?"

"지난번 그 일 때문에 그러세요? 그만 잊으세요. 과장님한테 괜히 찍히기만 하시고."

"과장님이 포크냐? 찍히긴 누가!"

큰소리는 쳤지만 솔직히 자신이 없었다. 강석에게 말을 붙여보고자 노력한 게 벌써 일주일째였다. 강석은 지나치게 깍듯했다. 한마디 말도 함부로 하는 법이 없었다. 식당에서 밥을 먹을 때 서빙하는 사람들에게도 항상 고맙다는 인사를 했다. 말투뿐만이 아니라 자세도 반듯했다. 흐트러지는 모습을 보이는 경우가 거의 없었다.

'나한테만 까칠하게 대하는 이유가 뭐지?'

그러나 곰곰이 생각해보면 일부러 무시하거나 폄하하는 일은 없었다. 지난번 사건은 확실히 현성이 잘못했으니 강석이 화를 낼 만했다. 그런데 그것을 감안해도 이상하게 강석은 현성에게 곁을 내주지 않았다. 현성은 현성대로 강석에게 가까이 다가가기가 유난히 어려웠다. 이독당에서의 냉소적인 모습이 강렬하게 남아있는 탓이기도 했다.

'에고, 이렇게 되면 최후의 카드를 꺼내는 수밖에.'

현성은 노트북 화면을 뚫어지게 쳐다보았다. 절실하고 또 절실한 마음으로 지후에게 메일을 썼다. 두 시간이 채 지나지 않아 답신이 왔다. 기꺼이 자신의 편이 되어주는 지후가 그저 고마울 뿐이었다.

현성 씨, 모든 책에서 일관되게 말하고 있듯 성공한 사람은 적을 내 편으로 만드는 지혜와 열정을 가진 사람들입니다. 유강석 과장님을 좀 더 자세히 관찰해 보세요. 반드시 배울 점을 발견할 수 있을 겁니다.

물론 유 과장님은 사장이 아닙니다. 현성 씨와 같은 직원이죠. 하지만 지금 당장은 경영자의 사고방식을 따라 할 때가 아닌 것 같습니다. 중·고등학교 과정을 배우지 않고 대학 공부를 시작하는 것과 비슷하다고나 할까요. 먼저 과장의 사고방식을 배우고 본부장의 사고방식을 배우고 사장의 사고방식을 배우는 식으로 순서를 밟아나가는 게 더 좋다고 여겨지네요.

지금부터는 자신의 독서를 실천할 시간입니다. 유 과장님과 친밀한 관계를 맺는 일은 쉽지도 않을 것이고 시간이 걸릴지도 모릅니다. 한 가지 팁을 드릴까요? 처음부터 성격이 괴팍한 사람은 없습니다. 그 사람도 어쩌면 회사에서 자신의 마음을 알아주는 사람이 없기에 외롭지 않을까요?

"외롭다고? 하아? 그럴 리가!"

메일을 세 번이나 반복해 읽으면서도 현성은 세차게 고개를 흔들었다. 어디 한 군데 틈이 없어 보이는 강석이었다. 직장생활도, 사생활도 똑 부러지게 할 것 같은 그가 외로울 시간이나 있을지 의심스러웠다. 하지만 남다른 통찰력을 가진 지후였다. 괜히 그런 소리를 할 리는 없었다. 어쩌면 보지 못하고 놓친 부분이 있는지도 몰랐다.

현성은 예전보다 자세히 강석을 관찰하기 시작했다. 관심을 갖고 지켜보니 확실히 '사람'이었다. 좋아하는 음식을 먹을 때라든가 일의 성과가 확실히 드러날 때라든가 마 본부장과 전문적인 이야기를 주고받을 땐 생기가 돌고 좀 더 부드러운 표정을 지었다.

그런데 누가 거친 욕을 한다든가 몇 번이고 같은 질문을 받는다든가 누군가 어이없는 실수를 해서 자신이 뒤처리를 해야 할 때는 미간이 좁혀지면서 눈꼬리가 가늘어졌다. 짜증이 났다는 증거였다.

'터미네이터인 줄 알았더니 저 인간도 감정이 있긴 있네.'

특히 강석은 생각 없이 남의 말을 갖다 쓰는 걸 가장 싫어했다. 옳든 그르든 스스로 생각해서 고민해낸 해결책이 아니라 쉽게 일반론을 이야기했다가는 조목조목 파고드는 강석에게 당하기 일쑤였다.

"그런 일반론은 그만두시고, 진짜 본인의 생각을 말해주세요."

회의 때마다 강석은 이 말을 전매특허처럼 했다. 가까이에서 겪으며 시행착오를 반복한 끝에 현성은 강석이 어떤 사람인지 조금은 알 것 같았다.

'참 가까이하기 힘든 성격이야. 저래서야 원, 누가 말이나 살갑게 붙이겠나.'

이독당 모임이 있는 날을 디데이로 정했다. 그동안 일부러 말을 걸기도 하고 업무에 대해 조언을 구하기도 하는 등 티 나지 않게 거리를 좁히려는 시도를 했다. 회의가 있는 날엔 며칠 전부터 할 말을 고민했다. 강석에게 보고서를 쓰거나 구두 보고를 할 때는 꼭 자신만의 해결책을 두어 개씩 생각해두었다가 얘기했다. '이 문제는 이렇게 해서 발생했고, 이렇게 처리되었습니다. 제가 생각하기에 이 대안이 관철되지 않는다면 차선책으로 두 가지 방법이 있을 것 같습니다'라는 식이었다. 그런 상황이 반복되자 쌀쌀맞기만 했던 강석이 슬쩍 웃을 때도 있었다. 현성은 가끔 모른 척 커피 한 잔을 갖다 주고는 강석에게 고맙다는 말도 들었다.

그러나 강석이 먼저 관심을 보이는 일은 없었다. 늘 가장 먼저 출근했고, 팀 회식 때를 제외하곤 퇴근 후 다른 직원과 한잔하는 일도 없었다. 다만 승우와는 어느 정도 친밀감이 생겼는지 이독당 모임에서 가끔 농담을 주고받았다. 현재 현성이 세상에서 가장 부러운 사람은 승우였다.

전체를 보는 연습

"저랑 오늘 한잔 어떠세요?"

현성은 이독당 모임이 끝나고 기회를 틈타 강석에게 용기 있게 물었다. 거절당한다면 다음번에 또 요청해볼 생각이었다. 강석을 지켜보는 동안 나름대로 호감도 생겼다. 어떤 사람인지 순수한 호기심도 솟았다.

"저하고요? 왜요?"

"그냥요. 한잔하고 싶어서요."

일부러 가볍게 말했다. 지나치게 진지하면 부담을 줄 것 같았다.

"그러죠."

"네? 정말요?"

"아니, 왜 그렇게 놀라세요? 예의상 한번 해보신 말인가요?"

"아니요! 아니요! 진심이에요. 진짜 과장님이랑 한잔하고 싶었어요."

선선히 따라나서는 강석을 현성은 신기하다는 듯 몇 번이나 바라보았다.

'역시 일단 부딪쳐보길 잘했어.'

회사 주변에 있는 조용한 술집을 찾았다. 자리에 앉자마자 강석이 먼저 술 한잔을 건네며 현성에게 물었다.

"그런데 고 대리님, 스토커세요?"

"네? 아니 무슨 그런 흉흉한 말씀을……."

"뒤통수가 따가워서 그러죠."

"하하하. 과장님도 참, 뒤통수에 눈이 달렸나 보네요."

"남자한테 과한 관심을 받으니 부담스러워서요."

"남자라서 죄송합니다."

잔이 부딪히며 웃음이 터졌다. 강석은 의외로 농담을 잘하는 사람이었다. 솔직하고 융통성도 있었다. 처음으로 진솔한 이야기가 오갔다.

"이독당 모임 때 왜 그렇게 까칠하셨어요?"

"제가 그랬나요?"

"네. 좀 그러셨죠."

"그런 얘기 종종 들어요. 농담으로 한 말을 싸우려고 작정한 사람처럼 받아들인다고요. 말투와 어조가 부드럽지 못해서 오해도 많이 받고요."

"아, 듣고 보니 그러네요. 말씀하신 내용보다 말 자체가 공격적으로 느껴진다고나 할까. 그래서 저도 얼떨결에 자꾸 방어하게 되고 대결하려고 하고, 그랬던 것 같아요."

"그럴 의도는 없는데 듣는 사람이 무안해진다고 하더라고요."

"하하, 저도 좀 그랬어요."

솔직하게 심정을 털어놓자 강석이 부쩍 가깝게 느껴졌다. 실제 있는 그대로 바라보기보다 '이 사람은 으레 이런 사람일 거야'라고 덧씌운 부분이 많았다는 생각도 들었다.

"회사 일은 이제 완전히 익숙해지신 것 같던데요?"

"그렇게 보이나요? 어려운 부분도 많아요."

"네? 전혀 몰랐어요. 뭐든지 척척 잘해내시니까."

"하하하. 그거야 잘해내는 것처럼 보일 뿐인 거고요."

취기가 돌면서 강석이 속마음을 토로하기 시작했다.

"전 일하는 게 참 좋아요. 현장이든 사무실이든 팀에서 기획한 일이 가시적인 성과를 낼 때만큼 짜릿함을 주는 게 없어요. 하지만 불만도 있죠. 우리 회사가 솔직히 대기업도 아니고, 지금은 그런대로 잘해나가고 있지만 언제든 없어질 수 있는데, 모두 너무 안이한 것 같아요."

현성도 맞장구를 쳤지만 내심으로는 은근히 찔렸다. 월급이 꼬박꼬박 나오는 것에 만족해서 내 일처럼, 내 회사처럼 일하지 않은 적도 많았기 때문이었다.

"내가 몸담고 있는 회사지 남의 회사가 아니잖아요. 팀이라든가 직급이라든가 그런 것에 상관없이 어떻게 해서든 좋은 환경에서 회사에 다닐 수 있도록 좀 더 성과를 내게 하고 싶어요. 그런데 솔직히 실망스러울 때도 있어요. 새로운 프로젝트를 제안하면 부담스러운 표정이나 짓고 퇴근이나 빨리 하려고 하고. 다들 회사 매출을 올릴 생각은 없고 성과금에만 관심이 있죠. 저만 열심히 하는 건 한계가 있더라고요. 은근히 왕따도 당하고. 그러다 보니 성격이 더 까칠해진 것 같아요."

그의 고충이 이제야 가슴에 와 닿았다. 누구라도 낯선 환경에서 고군분투하며 적응하려면 말 한마디, 행동 하나에도 피곤해지고 날이 설 것이다. 지후의 말이 맞았다. 처음부터 성격이 괴팍한 사람은 없는 것이다.

"저 때문에 많이 힘드셨죠?"

"처음엔 솔직히 열 좀 받았죠."

"하하하……하하."

어쨌거나 강석은 솔직한 성격이었다.

"하지만 고 대리님이 왜 그랬는지 이해가 되더라고요. 잘해보고 싶어서, 열심히 해보고 싶어서, 의욕이 넘쳐서 그랬다는 걸요."

강석이 현성의 빈 잔을 채웠다. 이 순간 말하지 않아도 두 사람 사이에 무언가 통하는 것이 생긴 것만 같았다.

이야기가 점점 무르익었다. 두 사람은 은근히 통하는 데가 많았다. 특히 책이 화제가 되자 끝도 없이 이야기가 이어졌다. 강석은 엄청난 독서광이었다. 책 이야기를 할 때의 그는 뒤에서 후광이 비치고 눈에서 레이저가 쏟아졌다. 정주영과 카잘스, 템플턴을 거쳐 손정의 이야기가 화제에 올랐다.

"전 '고객을 기다리게 해서는 안 된다', '득실을 따지지 않겠다'는 말이 가장 감동적이었어요. 역시 세계적인 경영자는 마음가짐 자체가 다르더라고요."

현성의 이야기를 듣던 강석이 말을 이었다.

"전 우리 회사에서 고객을 기다리게 할 수 있는 힘을 가진 사람들이 누굴까? 하는 생각을 먼저 했어요. 전화로, 온라인으로, 현장에서, 매장에서 직접 고객을 응대하는 사람들이겠죠. 그들 중엔 베테랑도 있겠지만 대부분 아르바이트생일 거고요. 그들에게 '고객'이란 어떤 존재일까요? 그 직원들은 고객에게 '기다림'이 어떤 의미인지를 알고 있을까요? 혹시 모른다면 어떻게 해야 그 직원들에게 현실적으로 설명하고 이해시킬 수 있을까요? 만일 그들에게 매

뉴얼을 만들어준다면 어떤 지침을 얼마만큼 담아야 할까요?"

"아……."

강석은 전혀 다른 관점에서 이야기하고 있었다. 책을 읽으면서도 자신은 한 번도 생각해보지 못했던 지점이었다.

"득실을 따지지 않으려면 기본적으로 안정적인 자금원을 확보하고 있어야 하죠. 자금이 없으면 누구나 불안해지고 득실을 따지게 되니까요. 우리 회사의 자금원을 면밀하게 파악하고 새로운 자금원을 구해야 할 필요도 있겠고요. 어쩌면 본부장님과 의논해서 직접 사장님께 말씀드려야 할지도 모르겠네요."

강석의 이야기를 들으면 들을수록 현성은 진심으로 감탄할 수밖에 없었다.

'나는 그저 손정의가 참 대단하다는 생각만 했는데, 이 사람은 한 차원 높은 독서를 하고 있구나.'

그날 이후 현성은 매의 눈으로 강석이 일하는 방법을 눈여겨보기 시작했다. 회의 때도 팩트를 바탕으로 '본인의 생각'을 어떻게 적용해 말하는지 귀를 기울였다. 그럴 때마다 그가 일을 대하는 방식과 업무 처리 순서에 감탄하게 되었다.

지금이야말로 '대리'가 아닌 '과장'의 사고방식, 아니 정확히 말하면 '일을 잘하는 사람'의 사고방식을 직접 보고 배울 수 있는 기회였다. 현성이 자신의 책상 하나를 겨우 책임지고 있다면 강석은

100개의 책상에서 어떤 일이 일어나는지 알고 있었다. 마 본부장이 혼자 잘하려고 애쓰기보다 전체를 보는 눈을 기르라고 했던 이유를 비로소 알 것 같았다.

'내 일만 잘하면 된다는 발상 자체가 얼마나 안이하고 좁은 생각이었던가. 일단 과장님께 먼저 배운 후에 본부장님께 배우자.'

마지막엔 사장의 마인드를 배워야 할 것이었다. 오너의 관점에서 회사를 보는 건 또 다른 세계일 터였다. 그러나 그 전에 한 걸음, 한 걸음, 기초를 튼튼히 하면서 단계별로 제대로 배워야 했다. 예전에는 막연하게 주어진 일만 열심히 하면 당연히 승진할 것이라고 생각했다. 하지만 그것은 오산이었다. 초등학생이 초등학교 공부만 잘하면 명문대에 갈 수 있다고 생각하는 것과 다를 바가 없었다.

'세계적인 골프 선수들은 잔디밭 위로 길이 보인다고 하지. 평사원에서 점점 윗자리로 올라가는 사람들도 그런 게 아닐까?'

눈앞에 길이 보이는 것 같았다. 현성은 속으로 굳게 결심했다. 일을 잘하는 사람이 어떻게 일을 하는지 배우고 그의 관점과 자신의 관점의 차이를 발견해서 그 격차를 메우겠노라고. 침착하고 성실하게 자기 앞에 펼쳐진 그 길을 걸어가겠노라고.

··· 4부 ···

일과 관계를 내 편으로 만드는 독서

평탄한 길은 없다

"지난번에는 죄송했습니다."

"정말이지 우리도 힘들었어. 이번에 고 대리가 크게 한 건 했구먼!"

"면목 없습니다."

"하하하하. 열심히 하다 보면 그럴 수도 있지요. 내가 젊었을 땐 더했는걸 뭐."

"다음에 소주 한잔하시죠."

"좋지!"

누가 시켜서 한 일이 아니었다. 현성은 자발적으로 협력 업체를 찾아다니며 사과를 했다. 사비로 간식을 돌리며 고개를 숙였다. 철

야까지 불사하며 기한을 맞춰준 사람들이 고마웠기 때문이었다. 현장에 몇 번 와본 적은 있었지만 이렇게 피부에 가깝도록 느껴본 적은 없었다. 이들이 아니었다면 어렵게 성사시킨 계약이 물거품이 되었을 터였다. 생각만으로도 아찔한 일이었다.

협력 업체뿐만 아니라 제작팀과 지원팀은 물론 도움을 준 타 부서에도 찾아가 인사를 했다. 가는 곳마다 아는 얼굴들이 한두 명은 꼭 있었다. 이독당에서 함께 독서를 하고 있는 직원들이었다. 사내 부서를 찾아가는 것은 협력 업체를 찾아가는 것보다 마음이 더 힘든 일이었다. 성공을 향해 가자고 떠들던 본인이 초보나 저지를 실수를 했으니 낯이 뜨거울 수밖에 없었다.

그러나 실수를 한탄하며 숨어 지내기보다 적극적으로 사과를 하며 감사 인사를 전하는 게 더 나았다. 창피함을 무릅쓰고 며칠 열심히 찾아다니다 보니 평소에 접할 일이 거의 없었던 다른 부서의 과장이나 차장, 때로는 팀장을 만나 인사를 나누고 이야기를 들을 기회가 생겼다.

사람들을 만나 상황에 따라 짧게 혹은 길게 다양한 이야기를 들으니 자신의 업무만 파고들 때보다 시야가 넓어지는 듯했다. 전략본부 안에서 나온 시장동향 보고서와 제작팀에서 만든 현장조사 결과는 관점 자체가 달랐다. 재무팀 팀장을 만났을 땐 하루만 출고가 지연돼도 얼마나 큰 타격을 입을 수 있는지 뼈저리게 배웠다.

'하루는 그냥 하루가 아니구나! 그런데 무려 한 달이나 차질을 빚게 만들었으니 대체 얼마나 엄청난 일을 저질렀던 것이냐!'

생각해보면 해고당하지 않은 것만 해도 다행이었다. 처음으로 회사라는 조직이 개인을 보호하고 있다고 느꼈다.

점심시간에 현성은 누구보다 자리에서 먼저 일어났다. 매일 한 명씩 새로운 사람을 만나 조언을 구하고 어떻게 하면 일을 잘할 수 있는지 고민하기 위해서였다.

그런데 시간이 지날수록 이상한 분위기가 느껴졌다. 처음엔 호감을 갖고 대하던 사람들이 만나도 인사를 하는 둥 마는 둥 성급히 자리를 피했다. 조금이나마 마음을 터놓고 지내게 되었다고 생각했던 사람들도 불편한 기색을 보이곤 했다.

'무슨 일이지? 내가 뭘 잘못했나?'

아무리 생각해도 이유를 알 수가 없었다.

"고 대리님, 요즘 아주 바쁘시네요?"

"응? 그냥 사람들 좀 만나느라."

"그냥 만나기만 하시는 거예요?"

"무슨 소리야?"

"아님 말고요."

승우가 뚱한 표정으로 서류를 현성의 책상에 내려놓고는 그냥 돌아섰다.

“잠깐 얘기 좀 하자.”

“저랑 무슨 얘기할 게 있다고요? 바쁘신 분이.”

아무래도 이상했다. 분명히 불만이 있다는 신호였다. 무작정 회의실로 끌고 들어갔다.

“왜 그래?”

“뭐가요?”

“요즘 밥 대신 가시 먹고 사냐? 왜 그렇게 까칠해?”

“이상한 건 제가 아니라 고 대리님이라고요. 그 소문 진짜예요?”

“무슨 소문?”

“출세하고 싶어서 이 사람 저 사람 막 만나 아부한다는…….”

여기까지 말하고 승우는 아차, 싶었는지 입을 다물었다.

“그게 무슨 소리야? 자세히 말해봐.”

“제작팀 표 과장님이 얼마 전에 그러더라고요. 고 대리님이, 그러니까…….”

“그러니까 뭐?”

“……아주 작정하고 라인 타기에 나섰다고요.”

“뭐? 내가?”

“그렇지 않고서야 왜 그렇게 갑자기 사람들을 만나러 다니겠냐고, 아주 열변을 토하던데요.”

제작팀 표 과장이라면 알고 있었다. 이번에도 누구보다 먼저 찾아가서 고개를 숙이지 않았던가. 업무 성격상 기획팀과 홍보팀이 있는 전략본부와 제작팀 사이에는 의견 차이가 생길 때가 많았다. 마 본부장이 마케팅팀 팀장으로 있을 때부터 제작팀과는 전통적으로 라이벌 관계가 형성되어 있었다.

표 과장은 성격이 급하고 입도 걸었다. 분노를 터뜨리며 포효할 땐 아무도 말릴 엄두를 내지 못할 정도였다. 우리에 갇힌 짐승처럼 날뛰며 책상 위의 서류란 서류는 죄다 바닥에 내동댕이친 일도 있었다. 먹이를 발견하면 달려들 준비부터 하는 그를 사람들은 뒤에서 '표범'이라고 불렀다.

마 본부장도 어지간하면 표 과장의 성미를 건드리지 않으려고 했고 강석은 더 말할 것도 없었다. 업무상 부딪치는 일이 많아서인지 특히 표 과장과 강석은 견원지간 같았다. 강석과 우연히 식당에서 마주쳤을 때 표 과장이 먼저 시비 거는 것을 본 적도 있었다. 사과를 하러 제작팀에 갔을 때도 그는 면전에서 대놓고 이죽거렸다. 그런데 하필이면 그 표 과장이란 말인가.

"또 다른 건 없냐?"

"어휴, 정말. 왜 없어요. 소문이라면 자다가도 벌떡 일어나는 사람들 천지인데. 차기 팀장을 노리고 유 과장이랑 경쟁 중이다, 실력에서 게임이 안 되니 인맥이나 만들려고 한다, 이독당도 자기 이익을 위해서 만든 거다……."

듣기만 해도 억울한 이야기였다. 현성은 머리를 싸매고 끙 소리를 냈다.

"뭐? 이게 다 표 과장한테서 나온 얘기란 말이야?"

"누가 먼저 시작했는지는 모르죠. 하여튼 저도 요즘 섭섭해요. 점심시간에 저희랑 밥 먹은 지가 언젠 줄 아세요?"

"밥? 야, 이 와중에 밥이 중요하냐?"

"중요하죠! 제가 지금 밥이나 먹자고 이러는 줄 아세요?"

아무 말도 못 하고 멍 하니 서 있는 현성을 두고 승우가 먼저 회의실을 나갔다. 아무래도 승우까지 화나게 한 것 같았다. 뭘 좀 잘해보려고 할 때마다 이상하게 일이 꼬였다.

"아, 진짜, 내 인생은 왜 이러냐고!"

행운과 불행이 번갈아 찾아올 때

정작 사건은 엉뚱한 데서 터졌다. 엘리베이터 안에서 우연히 엄한 사장을 만난 것이다. 갑작스러운 만남에 긴장을 하면서도 반갑게 인사드렸다.

"안녕하십니까? 사장님."

"고현성 대리 아닌가?"

사장은 격의 없이 인사를 받아주었다. 2년 전 사내 독서 열풍의 주역으로 뽑혀 '올해의 사원'으로 선정되었을 때 얼굴을 익히긴 했어도 아직까지 자신의 이름을 기억하고 있다는 사실이 감격스러웠다.

"요즘엔 어떤 책을 읽고 있나?"

"최근엔 《템플턴 플랜》을 읽었습니다."

"그렇군. 성공하는 삶의 규범을 배우기엔 그만한 사람도 없지. 수고하게."

사장은 현성의 어깨를 한 번 툭 치고는 웃어 보였다.

"감사합니다!"

현성은 어깨에서 날개라도 돋은 것 같았다.

'사장님이 날 기억하고 계시다니! 게다가 대화까지 주고받다니! 와, 이거 실화냐?'

방금 전에 직접 겪은 일이었는데도 믿을 수가 없었다. 일개 대리가 사장과 짧은 시간이나마 말을 주고받다니, 불가능에 가까운 일을 경험한 것이었다. 그것도 많은 직원들이 지켜보는 앞에서 말이다. 자리로 돌아와서도 흥분이 가시질 않았다. 사장이 현성을 알고 있다는 소문은 금방 퍼졌다. 다른 부서에 갈 때마다, 복도에서 사람들을 만날 때마다 아침 일이 화제가 되어 사람들 입에 오르내리는 것을 확인할 수 있었다.

'인생 헛살지 않았구나. 얼마 전 들은 소문은 그냥 소문에 불과할 거야. 승우가 지나치게 신경 쓰고 있는 거라고.'

현성은 금세 마음이 가벼워졌다. 표 과장이 아니라 누구와 부딪친다 해도 두려울 게 없었다.

"여어, 요즘 아주 좋아 보인다?"

"아, 표 과장님."

속으로 쯧, 혀를 찼다. 이럴 때 만나고 싶은 사람은 아니었다. 게다가 나이가 어리고 직급이 낮다는 이유로 표 과장은 아무 때나 말을 놓았다. 물론 마 본부장도 말을 놓았고 현성에게 말을 놓는 상사는 많았다. 그러나 표 과장이 하는 반말은 묘하게 사람의 심기를 건드리는 데가 있었다.

"이젠 대놓고 사장 나타나길 기다리나 보지?"

"무슨 말씀을 그렇게……."

"왜? 내가 틀린 말 한 것도 아니잖아. 타이밍이 아주 기가 막혀."

"오늘 아침에 정말 우연히……."

"우연? 우연은 무슨. 출세에 눈먼 자식이 무슨 놈의 우연 타령이야."

작게 흘려 말했지만 틀림없이 들으라고 하는 소리였다. 현성을 향한 적의마저 느껴졌다. 머릿속에서 이성의 끈이 툭, 끊어지는 소리가 들렸다.

"제가 표 과장님께 이런 말을 들을 이유가 없잖습니까?"

"뭐? 이유? 대리 주제에 건방지게. 야, 상사가 말하는데 이유는 무슨 얼어 죽을 이유야."

"말씀이 너무 과하십니다."

"이것 봐라, 오냐 오냐 봐줬더니. 눈 똑바로 뜨고 아주 사람 잡겠다."

소리가 커지자 사람들이 모여들기 시작했다. 표 과장은 대놓고 고함을 질렀다.

"일이나 똑바로 잘해! 괜히 여기저기 쑤시고 다니지 말고!"

"쑤시고 다니다니요? 제가 언제 그랬습니까?"

"미꾸라지 한 마리가 물 다 흐리고 있는 꼴이란 거 몰라?"

"미꾸라지요? 하고 싶은 말 있으면 그냥 하세요. 비비 꼬지 말고."

흥분한 현성도 지지 않고 대들었다. 애초에 시비를 걸어온 쪽은 표 과장이었다. 일방적으로 당하기엔 너무 억울했다.

"고 대리님, 자리로 돌아가세요."

언제 왔는지 뒤에서 강석의 차가운 목소리가 들렸다.

"유 과장, 자네가 나설 자리가 아냐. 이 건방진 놈이 나한테 뭐라고 했는지 알아?"

"모릅니다. 알고 싶지도 않고요. 하지만 여기에서 언성을 높일 만한 일은 아닌 것 같습니다. 아니면 표 과장님께서 저희 바이어에게 가셔서 좀 더 기다려야 하는 이유를 직접 설명하시겠습니까?"

처음부터 끝까지 차분함을 잃지 않은 말투였다. 금방이라도 현성을 잡아먹을 것 같던 표 과장의 목소리가 슬그머니 낮아졌다.

"아니, 뭘 또 그렇게까지 정색을 하고 그래. 유 과장이랑 나 사이에."

"여기서 끝내도 되겠습니까?"

"그러지. 하지만 부하 직원 단속 좀 단단히 하라고."

표 과장은 일부러 '부하 직원'이라는 말에 힘을 잔뜩 주어 말하고는 고개를 똑바로 세운 채 사라졌다. 강석은 현성에게는 눈길도 한 번 안 주고 앞서 걷기 시작했다. 사무실로 돌아오니 바이어는 이미 마 본부장과 나가고 없었다. 바이어가 기다리고 있다는 말은 일부러 한 게 틀림없었다. 평소 남의 일에 끼어들지 않는 강석이 일부러 거짓말까지 해가며 현성을 구해준 것이었다. 적절한 타이밍에 나타난 강석이 아니었더라면 표 과장과 크게 싸웠을지도 모를 일이었다.

'남들이 지켜보는 복도에서 표 과장과 한판 하려고 들다니.'

머리에서 열기가 빠져나가자 현성은 뒤늦게 정신이 들었다.

"지금 뭐 하신 겁니까?"

강석이 자리에 앉아 강한 어조로 물었다. 고맙다는 인사를 어떻게 전할까 고민하던 현성은 속으로 뜨끔했다. "지금 뭐 하신 겁니까?"라는 강석의 말은 "잠깐 나 좀 볼까?"라는 마 본부장의 말보다 무서웠다.

"그게, 저……."

아까부터 곁에서 지켜보던 승우가 끼어들었다.

"저기, 고 대리님 잘못이 아니에요. 표 과장님이 일방적으로 시비를 걸……."

자초지종을 설명하려던 현성도, 현성을 감싸려던 승우도, 강석의 가늘게 뜬 눈 앞에서 일시에 입을 다물고 말았다. 강석이 마지막 일침을 놓았다.

"자기 일이나 똑바로 잘하세요!"

힘이 되는 사람들

현성과 표 과장의 일은 시간이 지날수록 점점 부풀려졌다. 사장이 나타나길 기다렸다가 어떻게 해서든 얼굴을 보인다더라, 그동안 만난 사람들도 다 사장 라인이라더라, 마 본부장이 사장 라인이 아니라서 소원하게 지낸다더라 등 소문은 꼬리에 꼬리를 물고 이어졌다.

'이거야 원, 한 명 한 명 찾아가 일일이 설명할 수도 없고. 진짜 미치겠네. 밤송이 까듯 내 마음을 홀라당 까 보일 수도 없고.'

현성은 벙어리 냉가슴 앓듯 끙끙 앓을 뿐이었다. 오해를 받거나 억울한 일을 당한 사람의 심정을 알 것 같았다. 정말이지 할 수 있다면 있는 속 없는 속 박박 긁어서라도 전부 내보이고 싶었다. 며칠

새 마음고생이 심했는지 남들이 보기에도 현성은 딱할 정도로 핼쑥해진 모습이었다. 현성을 보며 말없이 혀를 차던 마 본부장이 "회식이다"라고 짧게 한마디를 했다.

* * *

"어차피 근거 없는 소문이니 시간이 가면 가라앉을 거야. 사람들도 그게 사실이 아니라는 것쯤은 알고 있을 테고."

마 본부장이 현성의 술잔을 가득 채우며 말했다. 현성은 묵묵히 술잔만 비웠다. 자기 때문에 분위기도 어색해지고 다들 조심스럽게 처신하고 있는 것 같았다. 변명은커녕 사죄의 말을 꺼내는 것도 미안했다. 이번엔 승우가 현성의 빈 잔에 술을 가득 채워주었다.

"힘내세요. 저흰 고 대리님 편이에요."

현성은 말없이 술만 마셨다. 이번엔 강석이 빈 술잔을 다시 채워주었다.

"……."

별다른 말없이 침묵으로 일관하는 강석이 오히려 고마웠다. 한 잔 가득 담긴 술만으로도 충분히 그의 마음을 알 수 있었다. 술기운이 돌자 승우가 불만을 토로했다.

"표 과장님 도대체 왜 그래요? 있지도 않은 말을 막 꾸며내고. 사람 못 잡아먹어서 안달 난 것마냥."

"배고프고 외로워서 그래."

마 본부장의 말에 어이없다는 듯 승우가 웃고 말았다. 웃음소리가 나자 그제야 분위기가 살아났다. 그러나 표 과장의 숨은 진실이 뭐든 간에 사건의 발단은 현성이었다. 가뜩이나 회사 분위기가 뒤숭숭한데 어떤 질책도 하지 않고 자신을 감싸주는 상사와 후배가 눈물겹게 고마울 뿐이었다.

"고맙습니다. 부족하고 또 부족하지만 다시 힘낼게요."

"그래야지. 불굴의 고현성이니까 말이야."

"불굴의 고현성. 그거 좋네요."

"하하하하하."

'한 팀'이란 것이 무엇인지 어느 때보다 진하게 느낄 수 있는 자리였다. 현성의 가슴 깊은 곳에서 울컥, 뜨거운 것이 치밀어 올랐다. 술잔이 공중에서 탕, 부딪혔다. 투명한 유리잔이 부딪치는 소리보다 더 맑은 웃음소리가 네 사람을 감싸고 있었다.

* * *

"정신 차리자. 이러다간 성공하기도 전에 왕따가 되겠다."

현성은 지후에게 그동안 있었던 사건을 조목조목 적은 메일을 보냈다. 자기 입장을 하소연하는 글이 되지 않도록 최대한 객관적으로 쓰려고 노력했다. 그러자 곧 답장이 왔다. 이번에도 지후는 별 말이 없었다. 메리 케이 애시의 《메리 케이: 당신은 모든 것을 소유할 수 있다》를 읽고 만나자고만 했다.

검색을 해보니 절판된 책이었다. 하지만 인터넷 중고서적을 통해 구할 수 있었다. 책을 찾는 동안 한 가지 소득도 있었다. 온라인이나 오프라인 서점에서 구하기 힘든 절판된 책은 도서관에 서고 자료로 신청하면 된다는 사실이었다.

처음으로 도서관에 가서 서고 자료를 신청해보았다. 신청하는 방법은 간단했다. 우선 자료 검색대에서 검색한 후 상세 화면에 자료실이 '보존 서고'로 되어 있을 경우 신청서를 작성해 데스크에 제출한다. 대개 도서관 열람 시간인 오전 9시부터 오후 6시까지는 30분 정도 후에 열람이 가능하고, 그 이후에는 다음 날 열람할 수 있다. 열람 시간 이후에 신청한 보존 서고 도서는 예약 처리되며 일반 도서와 같은 방법으로 대출이 가능하다.

지난번 템플턴의 책을 읽을 때도 그랬지만 책을 읽을수록 요령이 생겼다. 성공한 사람의 책을 읽을 때는 그에 대한 책을 모두 찾아 집중적으로 읽는 게 좋다는 것도 알았다. 예를 들어 빌 게이츠를 읽고 싶다면 지역 도서관, 국회도서관, 국립중앙도서관 홈페이지에서 빌 게이츠를 검색해 그에 관한 모든 책을 찾아보는 식이다.

한 책에서 빠뜨린 내용을 다른 책에서 다루는 경우도 있었다. 다양한 책을 통해 이야기를 종합해보면 한 권만 읽었을 때보다 인물의 입체적인 모습을 알 수 있어 좋았다. 작가들 또한 한 책에 모든 것을 다 담을 수는 없을 터였다. 자신의 관점에서 서술할 수밖에 없을 테니 되도록 출간된 거의 모든 책을 읽어보는 자세가 필요하다는 것을 깨달았다.

그러나 되도록 책은 사서 보자는 것이 현성의 생각이었다. 아무리 구하기 힘든 책이라도 온라인과 오프라인을 샅샅이 뒤지면 구할 수 있었다.

"고현성! 할 수 있는 모든 것을 하자!"

어쩌면 현재가 위기의 순간일지도 몰랐다. 그러나 자신을 믿고 지지하는 팀원들을 위해서라도 이대로 주저앉을 수는 없다고 현성은 의지를 되살렸다.

습관처럼 질긴 관성의 법칙

지그 지글러는 메리 케이의《메리 케이: 당신은 모든 것을 소유할 수 있다》에 이런 글을 남겼다.

승리를 가져다주는 책이다. 실생활에서 성공한 이야기로 가득 차 있다. 조화와 우선 사항이 무엇인가를 가르쳐준다. 자신을 풍부하게 하고 더 많은 활동을 하여 '모든 것을 갖게 하는' 길을 독자에게 알려주고 또 그런 마음이 생기게 한다.

1년 365권 독서를 하면서 깊은 인상을 받았던 저자 중의 한 명이 바로 지그 지글러였다. 그의 추천 글은 책에 대한 호감과 신뢰를 불러일으켰다. 특히 '실생활에서 성공한 이야기로 가득 차 있다'는 구절에 끌렸다.

'모든 것을 갖지 않아도 좋아. 코앞에 닥친 인간관계의 복잡함만 풀 수 있다면.'

중고 책이라 표지도 깨끗하지 않고 페이지 중간에 낙서도 있었다. 몇 군데는 접혀 있기까지 했다. 하지만 아랑곳하지 않고 읽기 시작했다. 책을 구할 수 있었던 것만으로도 다행이었다.

> 이 책을 읽다 보면, 내가 사람들을 대할 때 정성을 다해야 한다는 사실을 몹시 강조하고 있음을 깨달을 것이다. 이유는 간단하다. 어떤 사람이 인생이나 직장에서 성공했는지의 여부를 알고 싶으면 그 사람과 가장 가까운 사람들-가족, 친구들, 동료들-과의 관계를 재어보는 것이 가장 쉬운 방법이다. 인간관계에서 실패한 사람은 제아무리 소유한 것이 많아도, 혹은 직장에서 최고의 위치에 올라갔더라도 결국 아무것도 성취한 것이 없는 셈이다.

시작부터 육중한 망치로 가슴을 맞은 기분이 들었다.

'사람들을 대할 때 정성을 다해야 한다.'

단순한 문장이었다. 현성도 이미 알고 있는 말이었다. 그런데도 이 한 문장에서 눈이 떨어지지 않았다. 종이 위로 아는 얼굴들이 하나둘 나타났다. 하나같이 눈을 크게 뜨고 빤히 자신을 쳐다보고 있었다. 고개를 흔들었다. 얼굴들이 사라졌다.

현성은 첫 장부터 밑줄을 그었다. 사람을 대할 때 정성을 다해야 한다는 구절을 10번도 넘게 반복해서 읽었다. 남에게 대접받고 싶은 만큼 남을 대접하라는 건 황금률이었다. 그동안 읽어왔던 숱한 책들 속에서도 수없이 반복되었던 말이었다.

중요한 법칙일수록 단순하게 다가왔다. 삶의 기본을 지키는 것들이었다. 현성은 지난 시간을 돌아보았다. 이런 글을 읽을 때마다 스스로도 고개를 끄덕이고, 중요하다고 생각하고, 남들에게도 말하고 다녔다. 그런데 정작 자신의 삶에서는 실천했는가 생각하니 부끄러운 마음이 들었다. 생각만 갖고 사는 것이 아니라 숨을 쉬듯 자연스럽게 상대를 존중하며 사는 게 중요한 것이었는데 그러지 못했던 것이다.

나는 사업을 시작하기 전에 회사에서 일하는 사람들에게는 불평등한 처우나 정당하지 못한 관리 행위를 절대로 당하지 않게 하겠다고 결심했다. (중략) 이익은 결코 더러운 단어가 아니다. 단지 그것이 유일한 우선순위가 되어서는 안 된다는 점이다.

현성은 협력 업체와 다른 부서들을 찾아다니며 인사했던 것이 정작 누구를 위한 일이었는지 곰곰이 생각해보았다. 감사하는 마음을 가졌던 건 사실이었다. 하지만 정직하게 고백하자면 마음 깊은 곳엔 '이기심'이 있었다.

'큰 타격이 없는 실수였더라면 똑같이 행동했을까?'

'나 아닌 다른 사람이 한 일이라면 그를 감쌌을까?'

스스로에게 던진 질문에 그렇다고 자신 있게 대답할 수가 없었다. 오히려 잘못을 열거하며 상대 탓을 했을 것이다. 홀로 방 안에 있는데도 숨긴 마음을 누군가에게 들킨 듯 부끄러웠다.

'시작부터 충격이네.'

현성은 계속해서 책장을 넘겼다. 메리 케이는 믿을 수 없을 정도로 용감했다. 남녀차별, 남편의 죽음 등 수많은 어려움을 극복하고 세계적으로 유명한 기업을 세운 인물이었다. 책을 읽을수록 그녀의 긍정적인 사고방식과 도전정신에 현성도 전염되었다. 방금 전 의기소침했던 마음은 어디론가 사라지고 놀라움과 감탄의 외침이 터져 나왔다.

* * *

현성은 첫사랑에 빠진 열여섯 살 소년처럼 열렬한 마음으로 메리 케이 이야기를 했다. 어떤 경우에도 기본 원칙을 바꾸지 않았고, 편견의 장벽을 허물며, 자신의 성공을 '누군가의 덕분'으로 돌렸던 그녀를 존경할 수밖에 없었다.

올바르게 대우받으며 가치 있는 제품과 서비스를 생산하는 기업에서 일할 때 사람은 자부심을 지닌다는 신념과 상대를 존중하는 마음은 그녀가 삶의 마지막 순간까지 놓지 않은 경영철학이었다. 현성은 쉬지 않고 여기까지 이야기한 후에야 눈앞에 놓인 찻잔에 손을 댔다.

현성의 이야기가 끝난 후에도 지후는 한참 동안 입을 떼지 않았다. 현성은 한참 동안 자기 말에 도취되어 지후가 말없이 차만 마신다는 것을 뒤늦게야 눈치챘다. 차를 다 마시고 물 한잔을 더 청한 후에 지후는 말을 꺼냈다.

"현성 씨는 아직도 성공하지 못한 사람의 관점에서 독서를 하고 있군요."

"네?"

잘못 들은 줄 알았다. 열변을 토한 뒤라 지후가 어떤 말을 할지 내심 기대하고 있었다. 책의 요점을 잘못 짚은 것도 아니었다. 정주영과 카잘스와 템플턴을 읽을 땐 그들에게 배워야 할 점보다 엉뚱한 곳에 끌려서 핵심을 놓쳤지만 이번엔 자신 있었다. 메리 케이가 책을 통해 한결같이 강조한 것도 존중과 사랑이었기 때문이다.

그런데 지후의 말은 예상했던 반응과는 달라도 너무 달랐다. 자신에게 이 책을 권한 이유가 인간관계에서 존중과 사랑의 중요성을 깨닫게 하기 위해서가 아니었단 말인가?

"성공하지 못한 사람의 관점에서 독서를 했다고요?"

"네. 다시 말하면 성공한 사람에게 종속된 독서를 하신 거죠."

"종속된 독서요?"

"직원의 사고방식으로 일을 하는 것과 마찬가지인 독서죠."

지후의 말이 선문답처럼 들렸다. 무슨 말을 하는지 도무지 알 수 없었다. 종속된 독서가 뭔지 궁금했지만 그보다 더 근본적인 궁금증이 생겼다.

'직원의 사고방식이 꼭 나쁜 걸까? 나는 직원이야. 그렇다면 허황된 꿈속에서 살 게 아니라 현실을 인정하고 직원의 사고방식으로 열심히 일하는 방식이 맞지 않을까?'

사장의 사고방식으로 일하려다가 호된 대가를 치렀고 그 여파로 지금까지 사내 인간관계에 후폭풍을 겪는 터라 두려움도 있었다. 현실을 외면하고 무조건 경영자의 사고방식으로 덤비고 싶지 않다는 마음도 컸다.

"모두 사장의 사고방식을 가지면 그 회사는 어떻게 굴러가죠? 대리도 있고 과장도 있어야지 회사원이 다 사장일 수는 없잖아요."

뭔가 답답함이 사라지지 않았다. 조심스럽지만 자신의 의견을 확실하게 말했다. 그래야 더 분명한 답을 얻을 것 같았다.

"현성 씨는 아마추어 학생이 아니죠?"

"그럼요."

"돈을 받고 일하는 프로죠?"

"그렇죠."

"그렇다면 '프로 흉내'를 내지 말고, '프로처럼' 일하지도 말고, 그냥 '프로로서' 일해야죠."

"프로로서 일하라고요?"

누가 들어도 맞는 말이었다. 멋진 말이기도 했다. 그러나 프로로서 일한다는 것이 정확히 무엇인지 감이 오지 않았다. 지후가 '프로로서' 일한다는 게 어떤 거냐고 묻는다면 '주어진 일을 열정과 책임감을 가지고 해내는 사람'이라고 답할 수는 있었다. 그러나 그것은 머릿속 지식에 불과하다는 것을 현성도 알고 있었다.

새로운 의문도 생겼다. 지후는 분명 사장의 마인드를 가지고 일하라고 했다. 하지만 어느 땐 함부로 사장 마인드를 흉내 내지 말고 과정을 배우라는 얘기도 했다. 그래서 굳이 강석에게, 하필이면 둘의 관계가 최악일 때 일을 배우도록 하지 않았던가. 도무지 어느 장단에 맞춰야 할지 혼란스러웠다. 이럴 땐 방법은 하나였다. 용감하게 물어보는 것이다.

"모르겠어요. 프로로서 일한다는 건 뭐죠? 사장의 사고방식으로 일하는 건지, 사장이 되기까지 과정을 제대로 배우며 일한다는 건지……."

"사장의 사고방식은 사장의 권위나 힘을 흉내 내라는 의미가 아니에요. 마음대로 생각하고 결제하고 판단하라는 의미는 더더욱 아니죠. 본인이 사장이라고 우기며 사장처럼 행동한다면 남들의 비웃음만 살 뿐이겠죠."

"네……. 확실히 그렇죠."

지난번 실수가 다시 아프게 다가왔다. 사장이라도 된 양 확인도 하지 않고 마음대로 처리했던 것은 두고두고 반성할 일이었다.

"어려워요. 사장이 아닌데 사장처럼 일하라니."

"회사에서 주체성을 갖고 일하시나요? 시키는 대로 일하시나요?"

반반인 것 같았다. 기획 회의나 프레젠테이션을 할 땐 스스로 생각해서 아이디어를 내고 적극적으로 제안했지만 막상 안건이 결정되고 일을 진행할 땐 부과된 일을 완벽하게 처리하는 것만도 벅찼다.

"실제 업무는 직원의 사고방식으로 할 때가 많죠."

현성의 목소리가 작아졌다. 오래 몸에 밴 직원의 사고방식은 배고프면 밥을 찾아 먹는 습관보다 질기고 무서운 것이었다.

쌀이 밥이 될 때까지의 시간

"제가 왜 종속된 독서를 하고 있다고 말했는지 아시겠어요?"

"아니요, 사실은 아까보다 머리가 더 복잡해졌어요."

현성의 말에 지후가 슬그머니 웃었다.

"제가 아무 상관없는 이야기를 마구 섞어서 하고 있는 것 같아요?"

"네. 솔직히 말씀드리면 따라가기가 힘들어요."

"차근차근 맥락을 잡아보세요. 우리가 무슨 이야기를 하고 있었죠?"

"메리 케이 이야기를 하고 있었죠."

"그리고요?"

"제가 아직도 성공하지 못한 사람의 관점에서 종속적인 독서를 하고 있다는 이야기요."

"그리고요?"

"프로로 일하는 게 무엇인지, 성공한 사람의 마인드가 무엇인지 하는 이야기요."

"이 모든 것이 메리 케이로부터 배워야 하는 것과 어떻게 이어지나요?"

"그러니까요……."

그걸 모르겠다고 생각하며 현성은 고개를 들어 천장만 바라보았다. 언젠가 바나나와 베이글 샌드위치와 카페 창업에 대한 이야기를 한꺼번에 들었을 때보다 더 난감했다.

'정리를 해보자, 정리를.'

눈을 감고 명탐정 코난에 빙의라도 된 것처럼 생각에 잠겼다.

'툭툭 던져진 이야기들은 어디에선가 이어진다. 분명히 단서는 있다. 상황은 완벽해. 분명히 범인은 이 안에……아니, 이게 아니고.'

현성은 정말로 진지하게 고민하기 시작했다. 그러나 자신이 찾는 답은 보일 듯 보일 듯 좀처럼 쉽게 모습을 드러내지 않는 매직아이 같았다.

'핵심이 뭐지? 인간관계……종속적인 독서, 성공한 사람의 마인

드……내가 처한 난관을 극복하기 위해 배워야 할 점들.'

불현듯 방향을 제대로 잡고 있나 하는 생각이 들었다. 다양한 각도에서 검토했지만 딱히 떠오르는 게 없었다. 하지만 모르겠다는 말을 하기는 싫었다. 어디선가 강석의 목소리가 들리는 듯했다. 일반론 말고 본인의 의견! 번개를 맞은 듯 할 말이 떠올랐다.

"아! 그랬구나!"

"……?"

"내가 생각하는 나와 실제의 나는 달라요!"

앞뒤 설명도 없이 느닷없이 터진 말이었다. 엉뚱하게 들릴 수도 있었다. 하지만 현성은 벼락을 맞은 듯 꼼짝도 할 수 없었다. 하나의 생각은 다음 생각을 불러왔다. 복잡하게 꼬여 있던 실타래의 끝을 잡은 것 같았다.

책을 읽고 핵심을 파악하고 목표를 정해 실천하면서도 가끔씩 괴리감을 느꼈다. 몸에 맞지 않는 옷을 입은 양 어색했다. '자신의 현실'에 맞는 실천 방법을 찾아내 행동으로 옮긴 게 아니었기 때문이었다. 정주영부터 메리 케이까지 그들의 행동을 자신의 삶에 억지로 끼워 맞추려고 했던 것이다. 정주영의 방식을, 혹은 카잘스나 템플턴의 방식을 고현성의 방식으로 적용하려는 노력을 하기보다 그럴듯하게 흉내만 내고 있었다. 그것은 절절한 자기 체험이 아니었다. 이것이야말로 '직원의 사고방식'이라는 생각이 들었다.

"성공한 사람의 책을 읽고 그들의 사고방식을 배웠다고 믿었어요. 정말 그런 사람이 된 줄로 착각했죠. 하지만 실제론 예전과 똑같이 실수도 많고 실력도 부족한 고현성이죠. 생각이 체화될 때까진 시간과 노력이 걸리는 법인데, 쌀이 채 밥이 되기도 전에 설익은 걸 마구 먹다가 배탈이 난 꼴이네요."

"정성을 들이지 않았다는 뜻인가요?"

고개를 끄덕였다. 정주영의 책을 처음 읽고 지후를 만났을 때 오만하기 때문에 화려한 성공만 보고 있다는 말을 들었었다. 이제야 그 말이 무슨 의미인지 깨달았다. 변하고자 치열하게 노력하기보다 아직도 변화되기를 바라고만 있었다. 기억하고 있는 것에 불과한 책의 내용을 자신의 지식과 지혜라고 착각했던 것이다.

메리 케이를 읽고 정말로 변화되길 바랐다면 그녀의 삶에 도취되어 감동에만 젖어 있을 게 아니라 표 과장을 탓하는 것부터 그만두었을 것이다. 그러나 여전히 자신은 동료들 앞에서 표 과장을 우스운 농담거리로 씹어대고 있었다.

"어쩌면 이렇게 변한 게 하나도 없는지, 한심해 죽겠어요."

풀이 죽어 고개를 숙인 현성에게 지후가 부드럽게 말을 건넸다. 따뜻함이 듬뿍 담긴 다정한 말투였다.

"현성 씨, 참 많이 변하셨네요. 정말로요."

황금 채굴꾼의 마인드

현성은 책 표지에 있는 메리 케이의 사진을 찬찬히 바라보았다. 부드럽게 물결치는 머리칼 아래 의지가 뚝뚝 묻어나는 두 눈이 현성을 똑바로 바라보고 있었다. '당신은 어떻게 살고 있나요?'라고 묻는 표정이었다. 이 책을 읽고 감동에서 끝낼 것이 아니라 진정한 변화를 이루기 위해 무엇을 해야 할지 생각했다. 현성은 책을 테이블에 올려놓고 지후에게 겸손하게 물었다.

"제가 무엇을 배워야 하죠?"

"황금 채굴꾼의 마인드죠."

기다렸다는 듯 지후가 대답했다.

"메리 케이는 회사의 모든 사람들이 눈에 보이지는 않아도 '나를 소중하게 대해주세요'라고 쓰인 명찰을 차고 있다고 생각했어요. 그리고 실제로 그렇게 사람들을 대했죠."

그녀는 사람들이 'Profit&Loss'로 알고 있는 'P&L'을 'People& Love'로 바꾸었다. 이익 중심이 아니라 사람 중심으로 회사를 경영했다. 그 결과 아홉 명의 뷰티 컨설턴트로 시작했던 회사는 30년 만에 160만 명의 직원이 일하는 회사로 성장했다. 직원들 스스로 사랑받고 있다고 느끼면 무한한 잠재력을 보인다는 증거였다.

"메리 케이는 아침마다 이렇게 기도했다고 해요. '저에게 세상에서 가장 훌륭한 사람들을 보내주셔서 감사합니다. 고맙습니다.' 현성 씨가 지금 갈등을 빚고 있는 표 과장님은 성장을 크게 도와줄 사람일지도 모르겠네요."

"표 과장님이 제게 도움을 줄 것 같진 않은데."

"정말 그럴까요?"

"저를 그렇게 싫어하는 사람인데……."

"하하하. 현성 씨가 싫어한다고 아무 장점도 없을 리가 있나요."

"그렇긴 하죠. 굳이 찾기는 싫지만요."

메리 케이로부터 배우고자 마음먹긴 했지만 역시 표 과장은 넘기 어려운 벽이었다. '좀 더 쉬운 것부터 실천하면 안 될까' 하는 어린애 같은 생각마저 들었다. 초 단위로 표정이 변하는 현성을 재미있다는 듯 바라보던 지후가 다시 물었다.

"0.028킬로그램의 황금을 얻으려면 흙을 얼마나 퍼내야 할 것 같아요?"

"한 1킬로그램쯤인가요?"

"수십 톤이에요."

"에엑? 그렇게나 많이요?"

"달리 황금 채굴꾼이 아닌걸요. 수십 톤의 흙에는 관심이 없어요. 오직 0.028킬로그램의 황금에만 집중할 뿐이죠."

할 말을 잃었다. 0.1킬로그램도 안 되는 황금을 얻기 위해 파헤쳐야 하는 흙이 수십 톤이라니, 상상을 초월할 정도로 어마어마한 양이었다.

"인간관계도 이와 비슷하지 않을까요?"

"흙보다 황금을 보란 얘기인가요?"

"사람은 누구나 단점도 있고 장점도 있죠. 그런데 이상하게도 우린 단점부터 보려는 경향이 있는 것 같아요. 황금은 보지 않고 흙만 보는 셈이죠."

"그야 흙의 양이 어마어마하니까 그렇죠."

"무엇을 보느냐, 관점의 차이일 뿐이죠."

더 이상 뭐라 대꾸할 말을 찾지 못했다. 자신도 사실은 알고 있었다. 표 과장이라고 왜 장점이 없겠는가. 다만 인정하기 싫을 뿐이었다.

“표 과장님과의 관계가 변하려면 저부터 변해야겠죠?”

지후는 대답 대신 손으로 메리 케이를 가리켰다. 현성도 지후의 손끝을 따라 시선을 옮겨 그녀를 바라보았다. 사진 속의 그녀는 이렇게 말하는 듯했다.

“자신 안의 황금을 누군가 알아봐주길 바란다면 그 사람의 황금을 먼저 찾아야 하는 법이랍니다.”

성공의 의미를 발견하다

"제가 좀 더 겸손하게 처신하고 주변을 잘 챙겼다면 표 과장님과 문제가 생기지도 않았겠죠. 저도 모르게 우쭐했나 봐요."

"그래서 겸손의 가치를 내면에 두고 거울을 보듯 자주 들여다봐야 하죠."

"하지만 주변의 모든 사람을 겸손하게 대하고 사랑하라니, 회사에서 실천하긴 너무 어려워요."

"자신이 가장 오랫동안 머무는 회사가 아니면 어디에서 실천하나요?"

"……."

"물론 어려운 일이죠. 회사는 기본적으로 서로 좋아하고 사랑해서 모인 집단이 아니잖아요. 일을 하고 월급을 받기 위한 곳이죠. 냉정하게 말하면 세상 누가 월급을 주지 않는 회사를 다니겠어요."

"아무리 일을 사랑한다고 해도 보수가 주어지지 않는다면 견디기 어렵죠. 봉사활동 하러 가는 곳이 아니니까요."

지후가 고개를 끄덕였다. 현성은 계속해서 자신의 생각을 말했다.

"어쩌면 그래서 더욱 형식적이고 경직된 인간관계를 맺게 되는지도 모르겠어요. 물론 일을 하다 보면 동료애도 생기고 소속감도 갖고 유대감도 피어나지만 기본적으로 애정보다 성과를 중요시하니까요."

"그래서 더욱 책을 읽어야 한다고 생각해요. 왜 겸손해야 하는지, 왜 사랑해야 하는지 배울 수 있으니까요. 감정의 소비가 아닌 진정한 사랑의 가치를 깨닫기 위해서라도요."

현성은 자신의 일상을 다시 한 번 돌아보았다. 주변 사람의 약점을 은근히 농담 삼아 비웃거나 시시껄렁한 이야기를 화제로 삼았던 적이 많았다.

"회사에서 새로운 문화를 만들어보세요. 현성 씨를 비아냥거리는 사람이 있으면 그의 장점을 찾아보세요. 생일을 챙겨주고, 좋은 점을 칭찬하고, 지속적으로 관심을 보이세요. 아마 놀라운 일이 벌어질 겁니다."

지후의 말은 현성에게 용기를 주었다. 강석과의 관계가 최악일 때도 지후의 조언 덕분에 다른 시각으로 문제를 해결할 수 있었다. 어떤 일이 있어도 자신을 신뢰하고 따뜻한 시선으로 보는 사람이 있다는 것은 무엇과도 바꿀 수 없는 소중한 자산이자 보물이라는 생각이 들었다. 언제나 다급하게 SOS를 치면 지후는 이야기를 들어주었다. 바보처럼 같은 실수를 반복하는 자신을 질책하지도 않고 끈기 있게 지혜를 나누어주었다. 그것도 아주 기꺼이 말이다. 언젠가 기회가 오면 꼭 물어보리라 생각했던 질문이 떠올랐다.

"왜 이렇게까지 저를 도우시는 거죠? 전 작가님께 도움을 드리지도 못하는데요."

"그러게요. 제가 왜 그럴까요? 하하하."

현성은 머쓱하게 지후를 따라 웃었다.

"현성 씨가 성공하길 진심으로 바라기 때문이죠."

"그러니까 왜요? 왜 그렇게 저를 응원해주시는 거죠?"

"궁극적으로는 '보통 사람들을 위해서'라고나 할까요."

"그게 제 성공과 무슨 관계가 있나요?"

"현성 씨는 성공의 비결을 혼자 알고 싶으세요? 주변과 나누고 싶으세요?"

"그야 당연히 나누고 싶죠. 이렇게 좋은 걸 혼자 알고 있긴 너무 아깝잖아요."

이 말은 진심이었다. 지금도 이독당에서 기회가 있을 때마다 자신이 알고 있고 실천하고 있는 것을 아낌없이 나누고 있었다. 하나라도 새롭게 배운 게 있으면 언제나 이독당 사람들과 나누고 싶었다. 이독당은 조금씩 기틀을 잡아가고 있었다. 열정적으로 활동하는 고정 멤버도 생겼고, 모임이 재미있어질수록 활동 영역도 넓어졌다. 다음 달엔 체육대회도 열기로 했다.

"현성 씨처럼 선하고 성실한 사람이 성공하면 그 비결을 주변 사람들과 나누게 되고, 자신도 모르는 사이 그들을 변화의 길로 인도하게 되죠. 그래서 특히 우리처럼 평범한 사람들이 성공의 길을 가야 하는 겁니다. 평범한 사람들은 사실 마음이 따뜻한 사람들이거든요. 누군가와 경쟁하는 것이 싫어서, 아득바득 남을 누르고 올라가는 것이 마음 아파서 평범하게 살기로 선택한 사람들이니까요."

"착하고 따뜻한 사람들이 그냥 평범하게만 살아가도 괜찮은 건가요?"

"선택은 각자의 자유니까요. 하지만 탐욕스러운 인간들만 성공을 한다면요? 그 사회는 어떤 모습일까요?"

"……."

"타인과 경쟁을 한다면 겸손의 경쟁, 사랑의 경쟁을 해야죠. 일이나 공부 같은 것은 자신과 경쟁하면 되고요. 그래서 전 현성 씨의 성공을 돕고 지지합니다. 따뜻하고 정직한 현성 씨 같은 분이 성공하길 바라니까요."

내려놓은 후에야 얻은 것들

'처음부터 나쁜 인간은 없다고 했지. 표범, 아니 표 과장님도 분명 이유가 있을 거야. 내가 버릇없이 대들었던 것도 사실이고.'

이렇게 마음을 먹자 새로운 시작을 할 수 있다는 기분이 들었다. 현성은 앞으로는 어떤 자리에서도 표 과장의 험담을 하지 않기로 마음먹었다. 누가 표 과장에 대해 나쁜 얘기를 하면 맞장구치지 않고 오히려 감싸주겠다고 결심했다. 그리고 기회는 생각보다 빨리 찾아왔다.

"아, 진짜 짜증나 죽겠네."

"왜? 무슨 일 있어?"

"표 과장님이오! 방금 전 제작팀에 다녀왔는데 또 고 대리님 이야기를 꺼내잖아요. 은근히 빈정 상해서 한마디 해주고 싶은 걸 겨우 참았다고요. 인간이 진짜 왜 그런대요?"

"뭐, 그럴 수도 있지."

"네? 기분 나쁘지 않으세요?"

"생각해봐. 너랑 나랑 표 과장님 욕한다고 뭐가 달라지냐?"

"그건 아니지만……. 그렇게 밟힌 게 억울하지도 않냐고요."

"밟히긴 뭘 밟혀. 내가 길바닥이냐?"

"참 나, 썰렁하기는. 이 상황에 농담이 나와요?"

승우는 결국 피식 웃고 말았다. 순간 현성은 같이 거품 물고 싸우는 것보다 유머로 넘기는 게 더 좋을 때가 있다는 것을 배웠다. 어떤 순간에도 유머 감각은 마음에 여유를 주었다. 비록 자신의 유머가 승우에게 타박을 받을 정도로 좀 썰렁하긴 했지만 말이다.

"뭐, 생각보다 할 만하네."

신기한 일이었다. 표 과장과 있었던 일을 떠올려도 화가 나지 않았다. 사건이나 사람 자체보다는 그것을 대하는 자신의 태도가 훨씬 중요하다는 것을 실감했다. 어떻게 생각하느냐에 따라 '절대로 용서할 수 없는 일'이 되기도 했고 '그럴 수도 있는 일'이 되기도 했다.

현성의 '표 과장 이해하기'는 서서히 효력을 발휘하기 시작했다. 처음엔 자신도 이걸 어떻게 하나 난감했는데 막상 마음을 비우고 그 사람의 좋은 점을 찾기 시작하니 그동안 몰랐던 점들이 눈에 들어오기 시작했다.

표 과장의 급한 성격은 일을 진취적으로 이끄는 데 도움이 되었다. 특히 오래된 거래처가 이런저런 이유로 결제를 지연시킬 때 표 과장이 해결사로 나서면 단방에 오케이가 떨어졌다. 무늬만 '표범'이 아니었다. 그럴 때의 그는 밀림의 왕이었다.

* * *

"아, 표 과장님!"

"여어, 고 대리……."

일부러 찾아가는 길은 아니었지만 표 과장과 회사 복도에서 마주치자 현성이 먼저 반갑게 인사했다. 오히려 당황하는 쪽은 표 과장이었다.

"지난번엔 제가 결례를 범했습니다. 죄송합니다."

"아니, 그게 뭐……."

"과장님 덕분에 저희 기획팀에서 기획한 제품들이 좋은 반응을 얻고 있어요. 정말 감사합니다."

표 과장의 눈이 휘둥그레졌다.

"허허, 고 대리에게 이런 말을 들을 줄은 몰랐는데."

"제가 그동안 과장님을 오해하고 있었나 봅니다. 누구보다 회사를 위해 열심히 일하시는 분인데 잘 몰랐습니다."

"아니, 그렇게까지. 자네, 갑자기 도대체 왜 그래?"

"별 뜻이 있어서 그런 건 아닙니다. 과장님께 배울 게 많다는 생각이 들어서요. 조만간 찾아뵐게요. 정식으로 사과도 드릴 겸, 제가 한잔! 사겠습니다."

진정한 마음에서 우러나온 말이었다. 현성은 깍듯하게 인사를 하고 길을 비켜주었다. 표 과장은 흘깃 현성을 보면서도 묘하다는 얼굴로 연신 고개를 갸웃거렸다. 하지만 스쳐 지나가기 직전 웃음 띤 얼굴로 현성의 등을 한 대 툭 쳤다. 기분 좋은 모습이었다. 과연 칭찬은 거친 표범도 웃게 만드는 법인가 보았다.

모모에게 배운 경청의 위력

“저기 고 대리님, 바쁘세요?”

“어라, 김 대리님이 웬일이세요? 이것만 끝내면 되는데.”

“이야기 좀 하고 싶어서요.”

제작팀 김 대리는 ‘사내 공식 나팔수’였다. 그가 아는 일은 회사 전부가 알았다. 몇 번을 되짚어 생각해도 그가 찾아올 이유가 없었다. 업무상도 그렇고 개인적으로는 더욱 그랬다.

“성난 표범을 순한 양으로 길들인 비법이 뭐예요?”

“비법이오? 그런 건 없는데.”

“에이, 저한테도 좀 가르쳐주세요. 요즘 표 과장님이 고 대리님 이야기를 자주 하세요. 게다가 배시시 웃기까지 한다고요. 표범이

양처럼 웃다니! 현장을 봤어야 해요. 제작팀 팀원들 모두 두려움에 떨고 있다고요."

"하하하. 두렵긴 뭐가요. 표 과장님 가만 보면 은근 귀여운 데가 있으신데."

"귀, 귀, 귀엽다고요?"

김 대리의 표정이 '여긴 어디?' '나는 누구?'라고 물어보는 듯했다. 그러나 곧 정신을 차리고 다시 묻기 시작했다.

"특별히 먹히는 말 있으면 가르쳐줘요."

"정말 그런 거 없어요. 저한텐 그런 재주도 없고요."

"아 참, 큰일이네. 꼭 알아가야 하는데."

"저도 처음엔 표 과장님이 무서웠어요. 가까이 하기 힘들고. 그런데 항상 그러신 건 아니잖아요."

"그야 그렇죠."

"저도 표 과장님도 보통 사람인데 좋을 땐 좋고, 힘들 땐 힘들죠. 그런데 조금씩 가까워지면서 겪어보니 살가운 부분이 많으신 분이더라고요."

"뭐, 앞에서 화를 막 내도 막상 뒤에선 잘 챙겨주시죠."

"그렇죠? 애써 존경할 부분을 찾지 않아도, 저도 김 대리님도 표 과장님도 충분히 존중받을 만한 존재잖아요. 저도 잘난 데 하나 없지만 표 과장님이 인간적으로 대해주시니까 감사할 뿐이고요."

"……."

생각이 제대로 전달됐는지 확신할 수 없었지만 김 대리는 고개를 끄덕이며 돌아갔다. 그러나 이것은 시작에 불과했다. 시간이 지날수록 하루에도 몇 번씩 현성을 찾는 사람들이 늘어났다. 처음엔 별생각 없이 5분이나 10분 정도 자리를 비우던 것이 점점 마 본부장과 강석의 눈치를 볼 지경에 이르렀다.

'이게 무슨 일이야? 왜 갑자기 사람들이 나한테 말을 걸고 싶어 하는 거냐고?'

발단은 표 과장이었다. 불을 붙인 건 김 대리였다. 둘이 이구동성으로 누구를 만나도 "문제가 생기면 전략본부 기획팀 고 대리에게 가봐"라고 말하는 통에 사람들이 하나둘 찾아오기 시작한 것이다. 우호적인 관계가 된 후부터 표 과장은 누구보다 강력하게 현성의 편이 되어주었다. 전략본부와 제작팀의 긴밀한 협조가 이루어진 것은 말할 것도 없었다.

"무슨 마법을 쓰신 거예요?"

승우가 신기하다는 듯 물었다.

"마법을 쓸 줄 알면 내가 여기서 이러고 있겠냐. 벌써 지구를 구하러 나갔지."

"표 과장님이랑 러브 러브 관계가 된 것도 신기해 죽겠는데 다들 고 대리님만 찾으니까 그렇죠."

“그러게. 다들 왜 그러는지 나도 모르겠다.”

“음. 하긴 저부터 이상하긴 해요. 무슨 말이 하고 싶거나 일이 안 풀려 답답할 땐 고 대리님부터 찾거든요. 약이라도 뿌리시나?”

“가서 잠 깨는 약이나 한잔 타 와!”

현성이 휘이 손을 저었다. 승우는 눈치 빠르게 커피를 타러 갔다. 오후의 나른한 시간이었다. 하지만 현성은 최근 자신에게 일어나고 있는 일을 생각하느라 여념이 없었다. 옛이야기에 나오는 ‘임금님 귀는 당나귀 귀!’처럼 말하지 않고는 배기지 못할 말이라도 있는 것처럼 사람들이 자신의 고민거리를 들고 왔다. 그것뿐만이 아니었다. 지나가던 여직원들도 현성을 만나면 일부러 말을 걸었다. 마치 회사 전체가 현성을 향해 입을 열기로 작정한 것 같았다.

‘무슨 일이야, 정말? 왜 갑자기 내가 사람들의 대나무 밭이 된 거지?’

시간이 지날수록 부담스러워지기 시작했다. 점점 어떤 조언이든 해줘야 한다는 압박감도 생겼다. 자칫 별 볼 일 없는 대답을 할까 봐 겁이 나기도 했다. 사람들 발소리만 들어도 심장이 철렁 내려앉을 지경이 되자 이대로는 안 되겠다는 생각이 들었다. 당장 지후에게 전화를 걸었다.

“저예요.”

“네, 현성 씨. 잘 지내시죠?”

"잘 지내긴 하는데 잘 못 지내겠어요."

"하하하. 그건 또 무슨 말이에요?"

현성에게 자초지종을 들은 지후는 명쾌하게 대답했다.

"미하엘 엔데의《모모》를 읽어보세요."

"《모모》요?"

"그 책에서도 사람들이 무슨 일만 생기면 '하여튼 모모에게 가보세' 이러거든요."

"딱 저예요! 요즘 회사 사람들이 다들 그런다고요! 어떡하면 좋죠?"

"하하하. 이젠 스스로 답을 찾으셔야죠."

집으로 가는 길에 당장 서점에 들러 책부터 샀다. 미하엘 엔데의《모모》는 시간 가는 것을 잊을 정도로 재미있었다. 아름다운 문장과 흥미진진한 스토리도 흡인력이 강했지만 중간중간 읽기를 멈추고 생각하게 하는 힘까지 있었다.

사람들은 문제만 생기면 "하여튼 모모에게 가보세"라고 말했다. 모모가 특별히 말을 잘하거나, 뛰어난 지혜가 있어서 조언을 하거나, 놀라운 마법을 쓸 줄 알아서가 아니었다. 모모는 단지 듣기만 했다. 그러나 그냥 듣는 것이 아니었다. 온 존재를 기울여 제대로 들을 줄 알았다. 어떤 판단이나 비판도 하지 않았다. 누가 와서 어떤 말을 하든 그저 들었다.

모모가 듣고 있으면 처음에 화가 나서 찾아왔던 사람들도 슬그머니 화를 가라앉히고 "우리가 왜 그랬지?" 하면서 돌아갔다. 모모는 사람의 말뿐 아니라 세상 모든 것에 귀를 기울였다. 하늘의 별들이나 새들이나, 심지어 바닥의 돌멩이한테도 똑같이.

'내가 모모처럼 잘 듣진 못하겠지만 그래도 들을 수 있는 귀는 있다. 그러니 그냥 듣자. 사람들은 내게 해석이나 조언을 구하러 오는 게 아닐 거야.'

사람들이 자신을 찾아오는 이유는 단지 자신의 이야기를 하고 싶어서라는 생각이 들었다. 진심으로 이야기를 들을 때 답은 스스로 찾는다는 것을 경험으로 알고 있었다. 현성에게도 지후라는 모모가 있었다. 온 마음을 다해 자신의 이야기를 들어주는 사람이 있다는 것은 커다란 행운임에 틀림없었다. 아니, 어쩌면 그것은 행운 이상의 기적일 터였다.

새로운 리더가 될 준비

가족이 모두 잠든 깊은 밤이었다. 현성은 불을 끈 채 홀로 방 안에 앉았다. 새로운 책 한 권을 막 읽고 난 직후였다. 오래전 절망과 불안에 휩싸여 술에 취한 채 우두커니 있을 때와는 전혀 다른 마음이었다.

언젠가부터 퇴근 후엔 무조건 책 한 권을 읽었다. 두 시간이 걸릴 때도 있었고 때론 서너 시간이 걸리기도 했지만 적극적이고 진취적인 사고방식을 기르고 인간관계 능력을 기르는 것을 목표로 삼아 독서에 매진했다. 《모모》를 읽은 것을 기점으로 현성은 독서의 질이 달라지고 있다는 것을 느꼈다.

마음이 복잡한 날엔 스스로 자신의 경청자가 되었다. 하고 싶은 이야기를 글로 쓰기도 했다. 생각이 몇 갈래로 나뉘어 혼란스러울 때면 한쪽의 입장이 되어 충분히 말해보고 또 다른 쪽의 입장도 되어보았다.

'언제까지 작가님께 기댈 수는 없어. 나 스스로 변화를 일으키자.'

눈을 감은 채 마음껏 자신의 미래를 그려보았다. 놀라운 능력으로 프레젠테이션을 성공시키는 모습, 어려운 거래를 성사시켜 회사에서 이슈가 되는 모습, 사람들의 이야기에 진정으로 귀를 기울이고 함께 일하는 모습, 본부장이 되고 이사가 되고 종국엔 CEO가 되는 모습에 이르자 등이 곧게 펴지고 어깨가 저절로 넓어졌다.

현성의 가슴 가득 자신감이 채워졌다. 바람을 가득 머금은 돛처럼 희망이 부풀어 올랐다. 어떤 불가능한 일도 뚫고 나갈 수 있을 것 같았다. 어느 때보다 능력에 믿음이 가고, 누구보다 자신을 신뢰할 수 있었다.

그러나 섣부른 기대는 자칫 허망함을 부를 위험이 있었다. 전쟁터에 나선 병사처럼 자신의 위치를 정확하게 파악하고, 위험 요소를 제거하고, 무엇을 하고 무엇을 하지 않을지를 결정해야 했다. 심사숙고 끝에 부정적인 마인드를 다스릴 수 있을 때까지 당분간 하지 않기로 결정을 내린 것은 세 가지였다.

첫째, 부정적인 내용이 많은 신문 기사를 읽지 않는다.

둘째, 쓸데없는 인터넷 검색을 하지 않는다.

셋째, 스마트폰의 게임을 하지 않는다.

대신 5분이라도 시간이 나면 긍정적인 말을 하거나 책을 읽기로 했다.

'수없이 많은 신문 기사를 읽고 게임을 해도 내 삶에 달라진 것은 없었어.'

사회에 관심을 끊겠다는 게 아니었다. 재미를 모르는 딱딱한 사람이 되겠다는 것도 아니었다. 세상을 탓하며 한숨을 내쉬기 전에, 시간이 없어 하고 싶은 일을 못 한다고 투덜대기 전에, 무엇을 할 것인지, 무엇을 할 수 있는지 생각해보고 싶었다.

불을 켜자 어둠이 일시에 사라졌다. 곰곰이 생각한 끝에 하루 두 시간은 무조건 '석세스 타임'으로 정하기로 마음먹었다. 산더미 같은 업무가 떨어져도 이 시간만큼은 철저하게 지키기로 결심했다.

"독서를 꾸준히 하면서 강의를 듣는 것도 좋겠어. 그렇다면 일주일 중에 월수금은 독서를 하고, 화목은 강의를 듣자. 그리고 이독당에서도 새로운 것을 시도해보자."

현성은 종이에 필요한 것을 조목조목 써내려가기 시작했다. 스스로 스케줄을 짜고, 실행 계획을 세우고, 가능성 있는 내용인지 거듭해서 검토했다. 누군가 정해주는 일을 기계처럼 하는 게 아니라 자기 주도적인 스케줄을 짜고 하나씩 실행하면서 착실하게 전진하고 싫었다. 잠들기 전 10분 동안 매일 성공한 모습을 그려보면서 마인드 컨트롤을 하는 것만으로도 부정적인 마음이 사라지는 것 같았다.

* * *

"오늘도 힘찬 하루가 시작되었구나! 건강한 육체를 주셔서 감사합니다!"

눈을 뜨자 자연스럽게 감사의 말부터 나왔다. 아침에 다섯 개의 감사할 대상을 찾아 큰소리로 말하면서부터 저절로 웃음 가득한 하루가 시작되었다. 회사에 출근해서도 마찬가지였다. 동료들과 상사들과 후배들을 만나는 하루하루가 기쁘기만 했다.

"좋은 아침입니다!"

간단한 인사말이었지만 주고받는 말 속에는 웃음과 애정이 있었다. 평소와 다름없는 일상이었지만 이 일상이 얼마나 소중한 것인지, 평범한 것 속에 빛나는 가치가 숨어 있다는 것을 현성은 점점 더 깊이 깨달아가고 있었다.

오늘 저녁은 이독당 모임이 있는 날이었다. 이독당을 만든 지도 벌써 1년이 지났다. 초기 멤버나 다름없는 승우와 강석은 물론 한 달 전부터는 표 과장까지 합세해서 이독당은 사내 최고의 모임으로 부각되기 시작했다. 단지 책을 읽고 성공담을 나누며 서로의 성공을 지지하는 모임이기 때문만은 아니었다.

이독당은 회사에 긍정적인 시각을 전파하는 데 앞장섰다. 정기적으로 1년에 두 번 가족 모임을 갖고 1박 2일로 여행도 갔다. 서로 칭찬해주기, 경조사 챙기기부터 부서 간의 화합을 이끌어내는 운동회도 열었다. 누가 먼저랄 것도 없이 열정적으로 활동했기에 가능한 일이었다. 열정은 전염성이 컸다.

최근 이독당은 다양한 봉사를 하는 것에 초점이 맞춰지고 있었다. 휴일 오전에 노숙자를 위한 독서 모임을 열거나 인문학 강의를 하기도 했다. 함께 나누는 기쁨을 누리면서 결속력이 더욱 강해지는 것을 느꼈다.

이독당을 필두로 사내에 소모임이 하나둘 생겨나기 시작했다. 같은 취미로 모이는 동호회 성격의 모임도 있었고, 영어 회화나 신문 읽기처럼 스터디 성격이 강한 모임도 있었다. 예전보다 사내 분위기가 훨씬 활기차고 화기애애해졌다.

이렇게 하기까지 지후의 조언이 큰 도움이 되었다. 지후는 아프리카에 학교를 세우기 위해 반 년 정도 한국을 떠나 있을 예정이었다. 떠나기 며칠 전 지후가 현성을 찾아왔다. 지후를 찾는 쪽은 늘 현성이었는데 지후가 먼저 만나자고 하니 뛸 듯이 반가웠다. 현재 상황을 이야기하고 앞으로의 독서 계획을 면밀하게 세웠다.

"앞으로 새로운 리더가 될 준비를 하세요."

“제가요?”

“지금처럼만 하시면 돼요.”

지후는 부드럽게 웃었다. 지후의 미소에는 힘이 있었다. 따라 웃다 보면 꼭 그렇게 될 것 같은 기분이 들었다.

“그동안 꼭 읽어야 하는 책이 있나요?”

“네,《유일한 평전》이에요.”

유일한? 유한양행 창립자라는 것 정도만 알고 있을 뿐 그분이 어떤 삶을 살았는지 아는 것이 없었다. 지후가 떠나기 전에 언급한 책은《유일한 평전》 딱 한 권이었다. 그야말로 ‘유일한’ 책이었다.

책에서 길어낸 또 하나의 길

낮에 업무에 집중하는 만큼 저녁엔 열심히 책을 읽었다. 문제가 생길 때마다 찾아갈 지후도 없었기에 스스로 해답을 구하거나 가까운 동료들과 의논하면서 길을 찾기 시작했다. 여전히 실수도 하고, 잘못된 결정을 내리기도 했다. 그러나 겨울이 가고 봄이 오고 또 여름이 오듯 점점 변하는 자신을 자연스럽게 느낄 수 있었다.

현성 씨 잘 지내시나요?

카톡 알림 소리에 누군지 확인하던 현성은 하마터면 소리를 지를 뻔했다. 지후였다.

작가님!!!!!! 언제 오셨어요? ㅜ.ㅜ

일주일 전에요.

무조건 만나요. 할 말이 너무 많아요. ^.^

지후를 만나러 가기 전《유일한 평전》을 한 번 더 읽었다. 지난 6개월 동안 다른 책을 읽으면서도 매일 옆에 두고 외우다시피 하며 읽은 책이었다. 읽을 때마다 감동을 받았고 읽을 때마다 가슴에 깊이 새겼다.

유일한은 유한양행을 세워 제약업계에서 큰 성공을 거두고, 학교를 설립해 후진을 양성했으며, 사익보다는 공익을 실천하며 기업을 이끌었던 인물이었다. 기업은 물론 사재까지 사회에 환원하고는 세상에 왔을 때와 마찬가지로 빈손으로 돌아갔다. 기업의 이익은 그 기업을 키워준 사회에 돌려줘야 한다고 믿었던 그는 자본주의 사회에서 어떻게 성공해야 하는가를 보여준 참된 실천인이기도 했다.

가장 감명 깊게 읽은 부분은 정치 자금을 통해 권력과 손잡지 않고 청정한 운영을 고집했던 부분이었다. 특히 그는 '정확하고 신속한 납세'를 늘 회사의 최고 시책으로 삼았다.

국세청에서 강도 높은 세무사찰이 들어왔다. 하지만 한 달 동안이나 조사해도 탈세 사실을 밝혀내기가 힘들었다. 오히려 세무서 직원들이 이렇게 깨끗하게 장부를 정리하고 정확하게 세금을 납부하는 기업이 한국에 있나 하고 놀랄 정도였다.

그래도 실적을 올려야 했으므로 세무사찰 요원들이 유한양행 제품들에 대한 함량 분석을 과학기술처에 의뢰하였다. 이렇게 정확하게 세금을 내면서도 이익을 남길 수 있다는 것은 제품의 함량을 속이는 길밖에 없을 것이라고 판단했기 때문이었다. 그러나 과학기술처의 분석 결과는 제품의 우수성만을 증거해 주었을 뿐이었다.

이런 기업가가 있다니, 처음 읽었을 때는 믿을 수가 없었다. 그의 사후에 유품을 정리해보니 일상생활에 꼭 필요한 물건 몇 가지와 구두 두 켤레, 양복 세 벌밖에 없었다는 대목에 이르러서는 실제로 이 세상에 실존했던 인물인가 의구심이 들 정도였다. 충격이었다. 새로운 시각을 얻은 정도가 아니라 기존의 가치관이 순식간에 무너지는 것 같았다.

현성은 유일한을 알기 전까지 자신과 가족을 위한 성공만 생각했다. 그러나 지금은 진정한 성공은 돈과 명예 이상의 것에 있다고 믿게 되었다. 성공의 목표가 무엇인지, 어느 방향을 향해 나아가야 하는지 어렴풋이 보이는 것 같았다.

지후가 사는 동네의 전철역 계단을 오르자 예전 생각이 났다. 그때도 지후를 찾아 전철역 계단을 오르고 있었다. 그때와 다름없이 푸른 산들이 넓게 펼쳐져 있었다. 실의에 빠져 지푸라기라도 잡는 심정으로 찾아왔던 곳이었다. 빚에 허덕이고, 앞날에 대한 희망 하나 없이 왔던 길이었다.

하지만 지금 현성은 얼굴 가득 환한 미소를 띠고 있었다. 걸음도 한결 여유로워졌다. 얼굴에 와 닿는 바람과 햇빛의 결을 느끼며 순간의 기쁨까지 누릴 줄 알게 됐다. 무엇보다 삶의 목표가 생겼기 때문이었다.

"더 좋아 보이시네요?"

오랜만에 만난 지후는 살이 조금 빠져 있었지만 눈빛은 예전보다 깊어져 있었다. 뜨겁게 자신의 소명을 만나고 인생의 깊은 경험을 한 사람만이 가질 수 있는 눈빛이었다. 필리핀 쓰레기 마을인 톤도를 비롯해 아프리카에 학교를 세우고 우물을 파고 굶는 아이들을 돕기 위해 사람들을 만나 후원을 이끌어내는 일은 그에게도 커다란 변화를 불러온 것임에 틀림없었다.

그러나 지후는 여전히 소탈했다. 오랜만에 만났는데도 어제 만난 듯 변함이 없었다. 질문하는 방식도, 사람을 편하게 하는 분위기도, 존칭어를 쓰는 것도 그대로였다. 많이 변한 것은 현성이었다.

"《유일한 평전》을 읽으면서 기부와 나눔에 대해 다시 생각했어요. 이독당에서 실천하고자 하는 것 중의 하나이기도 하고요. 지난달엔 벼룩시장을 열어 기금을 마련했어요. 1년에 봄, 가을 두 차례

정기적으로 열기로 했고요. 이벤트처럼 단발성 후원으로 그치지 말고 한곳을 정해 꾸준히 후원하자는 의견이 많이 나왔거든요. 지금 저소득층 아이들이 있는 공부방을 후원하고 있어요. 일대일 결연을 맺어서 전화 통화도 자주 하고. 지난주엔 애들이랑 처음 소풍을 갔는데 굉장히 즐거웠어요."

현성의 말은 예전과 달랐다. 단순히 독후감을 줄줄 읊는 것이 아니었다. 몇 번이나 반복해서 책을 읽으며 자신의 관점과 시각에서 생각하고, 현재 실천할 수 있는 점이 무엇인지 고민하고, 선택을 하면 바로 행동으로 옮긴 덕분이었다.

때로는 책 속 인물의 사상과 자신의 생각이 다를 때도 있었다. 그럴수록 더욱 치열하게 고민했다. 무조건 감동받아 순응하거나 동조하기보다 왜 이런 생각을 하게 되었는지 맥락을 찾았다. 그리고 필요하다면 기존에 갖고 있던 생각을 수정할 줄 알게 되었다. 생각을 바꾸는 일은 어려웠지만 배움은 성장이었다. 성장통이 없을 리 없었다.

한 권의 책을 읽을 때마다 현성은 자신의 삶과 연관시켰다. 현실과 동떨어진 독서는 무의미한 것이었다. 독서는 시간이 날 때마다 책장을 들춰보는 행위가 아니었다. 현성에게 독서는 인생이라는 거친 밤바다를 비추는 등대였다.

그레이트 리딩으로 중심을 잡다

현성의 이야기를 조용히 듣고 있던 지후가 입을 열었다.

"성공이란 무엇이라고 생각하세요?"

"자신의 가능성을 최대한 꽃피우고 실현하는 것이라고 생각해요."

현성의 말에 지후가 고개를 끄덕였다. 현성은 최근 자신이 어떤 존재인지 아는 것이 얼마나 중요한 일인지, 자신의 가능성을 최대한 끌어내 재능을 꽃피우고 가진 것을 나누고 다른 사람을 돕는 삶이 얼마나 자신을 행복하게 하는지 생생하게 경험하고 있었다.

"그리고 그 순간을 뜨겁게 살아가는 것이오. 마치 이 순간이 마지막인 것처럼요."

"그렇게 사는 사람은 게으르거나 무미건조할 틈이 없죠. 매일, 매 순간이 애틋하고 간절할 테니까요."

"처음엔 성공이 단지 부와 명예를 얻는 것이라고 생각했어요. 하지만 그것은 아주 일부분에 불과하다는 생각이 들어요. 부와 명예에만 탐닉하는 성공이 오히려 보잘것없을 정도로 초라하게 보이고요. 그것은 노력의 결과로 주어지는 것이지 목표로 삼을 일은 아닌 것 같아요."

현성은 자신의 생각이 변했다는 것을 솔직히 토로했다.

"그럼 현성 씨가 발견한 성공은 무엇인가요?"

"의미 있는 삶이에요."

"오호, 구체적으로 어떤 거죠?"

지후가 흥미롭다는 표정을 지었다.

"진정한 성공은 결코 외적인 것에서 찾을 수 없다고 생각해요. 내 삶에 문제가 없길 바라는 것이 아니라 문제를 해결할 수 있는 지혜와 용기를 찾는 거죠. 그리고 남다른 일을 하는 게 중요한 게 아니라 자신에게 주어진 일을 남다른 마음으로 하는 것이 중요하고요. 그걸 깨닫고 나니까 제게 닥쳐왔던 시련과 고난이 행운과 성공보다 더 감사하게 느껴지더라고요."

"별은 가장 어두운 밤에 가장 눈부시게 빛나는 법이죠."

현성은 고개를 끄덕였다. 유일한 박사가 했던 말이기도 했다.

"성공, 성공, 성공만을 생각하며 달려왔는데 어느 순간 제가 성공의 주인이 아니라 노예가 되어 있더라고요. 목표에 지배당하면 도리어 불행해질 수 있다는 유일한 박사님의 글을 읽는 순간 뒤통수를 한 대 얻어맞은 듯 멍해졌죠. 동시에 가슴이 뻥 뚫리면서 굉장히 행복해지기도 했어요."

"행복은 목표에 있는 게 아니라 지금 이 순간에 있는 것이니까요."

"맞아요! 불안과 두려움에 떨면서, 한순간도 마음껏 살아 있다는 충족감을 느끼지 못하면서 성공을 바라기만 했던 거죠. 성공이 마치 집을 사듯 차를 사듯 손에 넣을 수 있는 것이라고 생각하면서요."

지후가 깊은 공감의 눈빛을 보냈다.

"사람은 죽어서 돈을 남기고 명성을 남기기도 하죠. 그러나 가장 값진 것은 사회를 위해 남기는 그 무엇이라는 유일한 박사님의 말이야말로 진정으로 성공한 사람이 할 수 있는 말이라고 생각해요."

"현성 씨도 유일한 박사처럼 성공한 사람의 삶을 살고 싶으신 거군요?"

"네. 그렇게 살 수만 있다면 제 인생을 전부 걸어도 아깝지 않아요. 내가 태어나 살고 있는 의미를 알고 사회에 기여하는 것이야말로 제가 지금 가장 원하는 일이니까요."

현성의 이야기를 듣던 지후는 잠시 침묵을 지켰다. 그리고 단단한 목소리로 말했다.

"새로운 미션을 드려야 할 때가 왔네요."

"새로운 미션이오?"

"이독의 절정이라고 할 수 있는 미션이죠."

100일 33권 독서, 전문 분야 100권 독서인 프로 리딩, 1년 365권 독서인 슈퍼 리딩을 묶어 부를 수 있는 '일독'에 이어 이독 노트, 이독 스크랩, 감사 일기, 백독백습, 성공하는 사람의 마인드를 갖는 독서로 요약되는 '이독'을 했다. 그런데 이독에 이어 또 다른 차원의 독서가 있단 말인가? 현성은 호기심이 생겼다.

"이런 연구 결과가 있어요. 인간의 사고방식이 완벽히 바뀌려면 약 1톤 정도의 정보가 필요하다고요."

"1톤이오?"

현성은 1톤 트럭을 떠올렸다. 트럭 하나를 가득 채울 만큼의 정보를 머리에 넣는다는 것일까?

"책으로 치면 대략 2000권쯤 되죠. 저도 달동네에서 살던 시절 성공한 사람에 관한 책을 2000여 권쯤 읽고 사고방식이 완벽하게 바뀌는 경험을 했답니다."

어느 인터뷰 기사에서 읽었던 기억이 났다.

"그때 전 현성 씨와 비교도 할 수 없을 정도로 나약하고 소심하고 부정적인 사람이었어요."

"네? 작가님이오? 아주 어린아이였을 때부터 긍정적인 기운이 넘치는 사람이었을 것 같은데요."

"하하하. 아니에요. 저 역시 독서를 통해 변한 사람일 뿐이에요."

"작가님이야말로 독서의 변화를 누구보다 리얼하게 경험하신 분이네요."

"네. 그래서 독서에 대해 누구보다 강한 확신을 갖고 있죠. 이제 삼독, 그레이트 리딩을 권하고 싶어요. 준비가 되신 것 같아요."

지후가 특유의 미소를 지으며 한쪽 눈을 깜박였다.

"인간은 망각의 동물이에요. 지속적으로 자신의 뇌를 흔들어 깨우지 않는다면 지금의 결의는 이내 일상에 묻히고 말겠죠."

"1년 365권 독서를 하고 난 후에 제가 그랬어요. 조금 방심한 틈을 타서 금방 일상으로 돌아와 다시 절망에 빠졌으니까요. 성공할 수 있다는 확신은커녕 빚이나 갚을 수 있을지 온통 두려움에 젖어 있었고요."

"그래서 그레이트 리딩을 통해 인생을 완전히 새롭게 변화시켜야 하는 거랍니다."

"그레이트 리딩이오?"

"인문고전을 치열하게 읽는 독서지요. 생각과 삶을 근본적으로 바꿀 수 있는 강력한 힘을 가진 독서법이고요. 인문고전을 통해 마음의 중심을 잡고 새로운 미래를 만들어나가세요."

현성은 칼 비테를 떠올렸다. 그의 독서법이 궁금해서 지후가 기획했다는《칼 비테 교육법》과 그가 직접 쓴《내 아이를 위한 칼 비테 교육법》 등을 찾아 읽기까지 했다. 소름이 돋을 정도로 충격적인 이야기가 많았다. 책을 읽으면서 느꼈던 경이로움은 여전히 현성의 마음을 사로잡고 있었다.

'내 책은 당시나 지금이나 아이를 키운다면 변함없이 유용하다'는《칼 비테 교육법》 서문의 첫 문장은 현성에게 호기심을 불러일으켰다. 도대체 얼마나 자신의 교육법에 대해 자신이 있었으면 이런 문장을 맨 앞에 쓸 수 있을까 싶어서였다. 의문은 책을 읽어가는 동안 풀렸다.

칼 비테는 발달 장애로 보이는 미숙아로 태어난 아들 칼을 천재로 키웠다. 칼은 3세 때 모국어를 깨쳤고 9세 때 영어, 이탈리아어, 라틴어 등 6개 국어를 했으며 13세 때 철학 박사 학위를 받은 후 베를린 대학 등 독일의 수많은 대학에서 강의를 이어나가며 83세로 세상을 떠날 때까지 유럽 최고의 지성으로 성장했다.

칼 비테 교육의 핵심은 모국어인 독일어를 제대로 가르치는 것이었고 아주 어린 시절부터 인문고전을 읽어주는 것이었다. 잠도 재우지 않으면서 10시간 넘게 공부하라고 강요하지도 않았고, 무리하게 과외 수업을 따로 받게 하면서 높은 수준으로 가르치지도 않았다.

칼 비테가 아들에게 읽어준 생애 첫 번째 책은 베르길리우스의

《아이네이스》였다. 생후 42개월부터 인문고전을 접하게 한 것이었다. 책을 읽어주면 칼은 바로 잠이 들었지만 그래도 책 읽기를 멈추지 않았다. 아버지의 노력이 헛되지 않았는지 칼은 세 살이 되자 《아이네이스》의 서두를 암송할 수 있었다. 보통 아이들보다 지능이 떨어졌던 아이의 뇌가 혁명적으로 바뀐 사건이라고밖에 볼 수 없었다.

현성이 《아이네이스》 이야기를 꺼내자 지후는 페이스북의 창시자 마크 저커버그 이야기를 들려주었다.

"저커버그에게 영향을 미친 책도 바로 《아이네이스》였다고 해요. 그는 책을 통해 다양한 생각과 문화를 가진 사람이 차별받지 않고 모일 수 있는 제국을 상상했고, 그 결과 페이스북을 탄생시킨 것이죠. 우리가 인문고전을 읽는다는 것은 단지 한 권의 책을 읽고 끝내는 게 아니랍니다. 사고의 변화를 폭발적으로 바꾸는 경험을 한다는 것이죠. 그게 바로 진정한 그레이트 리딩의 의미이기도 하고요."

"그레이트 리딩이 그렇게 대단한 것인가요?"

"독서법 자체가 대단한 게 아니에요. 위대한 것은 인류의 문화유산이라고도 할 수 있는 인문고전들이죠. 물론 그것을 어떻게 읽느냐도 중요하지만요."

'인문고전을 읽는 그레이트 리딩.'

몇 번이고 마음속으로 말해보았다. 더 크고 새로운 세상이 현성을 기다리고 있었다.

어둠 속에서 촛불 하나를 켜는 일

사위는 어두웠다. 그러나 캄캄한 어둠은 아니었다. 현성은 깊고 고요한 어둠 속에서 등불을 켜듯 아는 얼굴들을 하나씩 떠올려보았다. 기획팀 팀원들, 회사 동료들, 상사들, 후배들, 친구들, 마지막으로 가족의 얼굴을 오래 생각했다.

독서를 하기 전부터 오늘 이 순간까지의 시간이 파노라마처럼 지나갔다. 지금까지 힘들다, 힘들다 하면서 넘어온 독서의 산이었다. 죽겠다, 죽겠다 하면서 건너온 독서의 바다였다. 때로는 폭풍우 치는 벌판을 맨몸으로 건너온 것 같기도 했고, 얼음 설산을 산소통 없이 올라가는 것 같기도 했다. 그러나 이리 비틀 저리 비틀 좌충우돌하면서도 어쨌든 해냈다. 그리고 하나씩 해낼 때마다 놀랄 정도로 성장한 것도 사실이었다.

어둠 속에서 눈을 떴다. 눈앞의 초를 가만히 바라보았다. 초에 불을 붙이자 캄캄하던 눈앞에 금세 환한 공간이 만들어졌다. 일렁이며 빛을 내는 촛불은 신비롭게만 보였다.

독서는 어두운 방 안에 초 하나를 켜는 일과 같았다. 아무리 짙은 어둠이라도 손을 뻗으면 불을 밝힐 수가 있었다. 아무리 절망스러운 현실이라도 내 힘으로 바꿀 수 있다는 희망이 있었다. 어둠에 절망하기보다 촛불 하나를 켜는 게 훨씬 더 의미 있었다.

어둠 속에서 빛나는 촛불을 바라보며 고요하지만 힘 있는 목소리로 말했다.

"그레이트 리딩, 그래, 도전해보자!"

그것이 어떤 것일지 아직은 몰랐다. 그러나 도전해보고 싶었다. 해보기 전에는 그것이 어떤 것인지 알 수 없었다. 도전하지 않고 모험하지 않는 삶은 안전할지는 몰라도 아무 발전이 없을 것이다. 현성은 치열하고 열정적으로 살아가면서 그레이트 리딩을 성공시키는 자신의 모습을 그려보았다. 그레이트 리딩의 길라잡이가 되어줄 첫 번째 스승은 칼 비테였다. 현성은 새로운 마음으로 《칼 비테 교육법》을 다시 펼쳤다.

아들의 교육은 완성되었다. 가장 합리적인 판단에 따른 결과였다. 올해 열여

덟 살인 내 아들 칼은 5년 전에 철학 박사, 2년 6개월 전에 법학 박사가 되었다. 현재 여러 학회의 회원이며, 2년 전부터 국비 지원을 받아 학술 여행을 하고 있다. 이 여행은 아들이 자발적으로 계획한 것이다. 칼은 나와 1600킬로미터 이상 떨어진 곳에서 명예로운 경력을 밟고 있다. 어쩌면 나는 아들을 영영 못 볼지도 모른다. 정말이다. 이제 내가 아들의 교육이 완성되었다는 것, 마지막에 이르렀다는 것을 인정하지 않으면 삶의 운명도, 선하거나 악한 인간들의 영향도 결코 받아들이지 못할 것이다.

내가 무엇을, 어떻게 했는지 이제는 말할 수 있다. 아니 말해야 한다.

칼 비테가 책에서 말한 것은 그레이트 리딩 그 자체였다. 그의 책을 반복해서 읽을 때마다 거대한 파도가 몰려오듯 성공에 대한 확신이 온몸을 가득 채웠다. 성공은 더 이상 남의 이야기가 아니었다. 자신의 능력과 노력으로 도달할 수 있는 가능성 넘치는 현실 그 자체였고 삶을 바꿀 수 있는 기회였다. 현성은 스스로 더 큰 영역에서 성공을 거두고 더 넓은 세상에서 활약할 수 있다고 믿었다. 막연했던 삶의 안개가 걷히고 뚜렷한 미래가 손에 잡힐 듯 그려졌다. 그레이트 리딩을 해내고야 말겠다는 굳센 결의로 가슴이 벅차올랐다.

'난쟁이와 같았던 나와 이별하고 거인의 발걸음으로 나아가자! 소심했던 과거와는 영원히 작별을 고하자! 새롭게 태어나자!'

삶의 목표를 세우고 흔들림 없이 나아가겠다고 의지를 불태우자 예전엔 한 번도 느껴보지 못한 힘이 솟았다. 몸속 깊숙한 곳에 잠들어 있던 용이 눈을 뜬 것 같았다. 주먹을 불끈 쥐었다. 두 팔을 통해 꿈틀거리며 용솟음치는 기운을 느꼈다. 불꽃보다 뜨겁고, 폭풍우보다 힘차게, 사자후를 토해냈다.

"내 인생, 진짜 시작이다!!!!!!!!!!!!"

우렁우렁한 외침은 세찬 바람이 되어 촛불을 흔들었다. 벽에 비친 그림자가 파도에 움직이는 배인 듯 앞뒤로 너울거렸다. 이제 막 출항을 앞둔 배처럼 가슴이 출렁거렸다. 모험과 도전으로 가득 찬 새로운 출발이었다.

현성은 천천히 손을 움직여 그레이트 리딩 노트 맨 앞 페이지에 이렇게 썼다.

항구에 머문다면 분명 안전할 것이다.

거친 파도에 시달릴 일도 없을 것이다.

하지만 그것이 배의 존재 이유는 아니다.

··· 부록 ···

이지성 작가의 독서 Q&A

《이독》은 《일독》과 어떻게 다른가요?

'이독'은 독서의 두 번째 단계, 즉 다른 독서(異讀)를 뜻합니다. 그래서 독자군도 《일독》과는 조금 다르지요. 성공에 대한 욕구가 강한 분들, 독서로 자신을 완전히 바꾸고 싶은 분들을 생각하며 썼습니다. '1년 365권 독서'를 성공하고도 삶에 큰 변화가 없는 분들이 있더라고요. 《일독》의 궁극적인 목표는 성장과 변화인데 말이에요. 이때 성장이란 사회에 영향력을 미치는 사람이 되는 것을 말합니다. 그런데 많은 사람들이 독서 모임의 리더가 되고, 그걸로 책을 내고 강사가 되는 것이 성장과 변화라고 말합니다. 단지 책을 많이 읽는 것이, 그 정도의 성장이 독서의 목적이 되어버리는 현실을 보면서 안타까운 마음이 들었습니다. 그래서 《일독》과는 다른 독서에 대한 이야기를 쓰게 되었습니다. 강한 성공 동력을 갖는 독서, 어디서든 리더의 사고방식을 가진 사람으로 거듭나는 독서의 노하우를 담았습니다.

성공한 사람들의 사고방식은 일반 사람들과 다른가요?

딱 한 가지가 다릅니다. 성공한 사람들에겐 바보 같은 순수함이 있답니다. 그들은 산타클로스를 믿는 것처럼 책에서 읽은 것을 그대로 믿더라고요. 《이독》에도 썼듯이 정주영 회장이 어느 날 나폴레옹과 이순신의 전기를 읽었습니다. 명량해전에서 겨우 13척의 함선으로 133척의 왜선을 격파하고, 몰락한 가문 출신의 코르시카 사람이 유럽을 정복하고 프랑스 황제가 되는 이야기, '불가능은 없다'는 이야기이죠. 보통 사람들은 '말도 안 돼'라고 생각하지만 그는 '하면 되잖아. 그럼 나도 할 수 있네'라고 생각했습니다. 상황이 어떻든 내가 더 나은 사람이 될 수 있다는 가능성을 100퍼센트 믿은 것입니다. 그런데 일반 사람들은 부동산이나 주식, 비트코인 등 눈에 보이는 것, 즉 물질적인 것을 믿습니다. 반대로 성공한 사람들은 보이지 않는 것을 믿지요. 자신에 대한 가능성, 《이독》에서도 바로 이 가능성에 대한 믿음을 이야기하고 싶었습니다.

성공한 사람의 사고방식은 그의 강연을 통해서도 경험할 수 있을 텐데요.

글을 잘 쓰는 사람도 보통 한 권의 책을 쓰는 데 짧게는 몇 달에서 길게는 몇 년이 걸립니다. 그런데 강의를 전문적으로 하는 사람들은 짧게는 한두 시간, 길게는 며칠 만에 자료를 만들 수 있지요. 공력의 차이만 놓고 생각한다면 책과 강연 중에 어떤 것을 선택하는 게 좋을까요? 게다가 강의는 주입식입니다. 강연장의 주인공은 내가 아니라 강의를 하는 사람이지요. 하지만 독서는 내가 주체적으로 참여하는 행위입니다. 강의에 비해 성공의 폭이 클 수밖에요. 저도 강의를 하는 사람이고, 성공한 분들의 강의를 지도하기도 하지만 독서를 강조하는 것은 이런 이유 때문입니다.

사고방식이 완전히 바뀌려면 몇 권의 책을 읽어야 할까요?

저는 스무 살 때부터 매일 성공한 사람들의 책을 읽었습니다. 스물일곱 살 때 집이 완전히 망해 보증 빚이 20억이 넘었을 때는 화장실도 없는 옥탑방에서 살았는데요. 그토록 절망적인 상황이 되니까 너무 절실해져서 3년 동안 2천 권이 넘는 자기계발서를 읽었습니다. 성공하는 사람의 사고방식을 갖지 않으면 영원히 그 집에서 살게 될 것만 같았거든요. 《일독》에서 변화가 느껴지지 않더라도 포기하지 않고 컵에 한 방울 한 방울 물을 채우다 보면 흘러넘치는 순간이 온다고 했는데, 제게 주어진 컵은 너무 컸습니다. 하지만 그

컵에 2천 개의 물방울이 들어가 넘치는 순간에 제 뇌가 성공한 사람의 것으로 완전히 바뀌었지요. 저의 경우처럼 고통스러운 환경에 있는 분들은 많지 않잖아요. 100권 정도만 제대로 읽어도 성공하는 사람의 사고방식을 갖게 될 것입니다. 사실 권수보다 더 중요한 것은 성공 세포가 내 안에 생기는 것이거든요. 그러려면 성공한 사람의 삶을 가지겠다는 절실한 마음을 갖는 것이 무엇보다 중요하답니다.

성공한 사람은 모두 메모광이었다는데요. 베스트셀러 작가로 성공한 삶을 살고 계신 작가님도 메모를 많이 하시나요?

작가는 메모보다 생각을 많이 해야 합니다. 제가 말하는 성공한 사람들은 대부분 CEO인데, 그들은 지시하고 기억해야 할 내용이 너무 많다 보니 메모를 하지 않을 수가 없는 것이지요. CEO들의 메모에는 특징이 있습니다. 일반 직원이 자기 업무에 대해 메모를 한다면 성공한 사람들은 주로 아이디어를 메모합니다. 또 그들은 다른 분야에서 성공한 사람들과 자주 만나게 되는데요. 다른 사람들이 성공할 수밖에 없는 요인에 대해 주로 메모합니다. 그렇다면 성공한 사람을 만날 기회가 적은 사람들은 어떻게 하면 될까요? 그들에 대해 쓴 책을 읽으면 됩니다. 그리고 중요한 내용을 필사하는 것, 가장 손쉬운 메모법이 아닐까요.

매일 아침 성공하는 사람의 마인드를 기르는 책으로 힘차게 아침을 여는 주인공의 모습이 인상적인데요. 성공하는 사람의 마인드를 키워주는 책이란 구체적으로 어떤 책인가요?

위인들의 전기, 평전 그리고 레오나르도 다빈치 같은 천재들에 대한 책입니다. 또 우리 시대의 성공한 사람들의 책입니다. 빌 게이츠나 마크 저커버그, 정주영, 유일한 등에 관한 책이 될 수 있겠지요. 핵심은 평범한 사람들에게 가려졌던 그들이 성장할 수 있었던 방법을 배우는 데 있습니다.

쉬운 책이나 뇌를 잠들게 하는 감각적인 책만 읽는 것을 '불완전한 독서'라고 표현하셨는데요. 그렇다면 '진짜 독서'란 어떤 것인가요?

지행합일입니다. 실천하지 않는 독서는 의미가 없으니까요. 예를 들어 템플턴의 성공 방식에 대한 책을 읽었다면 실제 회사 업무에 적용하자는 겁니다. 템플턴이 사장을 찾아가 계속 질문을 던졌듯이 실제로 그렇게 해보자는 것이지요. 그래서 나를 성장시키는 것입니다. 그저 책만 읽고, '템플턴이 그랬구나' 하고 노트에 정리하고 끝내지 마시고요. 실제로 성공한 사람들을 찾아가 질문을 던지지 못한다면 완전한 독서를 했다고 볼 수 없는 것입니다. 결국 나를 흔들어 깨워 행동하게 하고 성공하게 하는 책이 곧 뇌를 깨우는 책이라고 할 수 있습니다.

부정적인 생각을 이겨내는 노하우가 있으신가요?

책을 읽습니다. 특히 부정적인 생각을 이겨내고 놀라운 성취를 이룬 사람들의 이야기가 담긴 책입니다. 이런 책을 계속 읽어야 한다고 하면 다 똑같은 내용이라고 말하는 분들이 있습니다. 그들은 왜 매일 똑같은 밥을 먹어야 하냐고 묻지 않을까요? 제가 읽은 책이 만 권을 넘은 것이 오래전인데 저는 지금도 책을 읽고 있습니다. 제가 에너지를 충전하는 비결이지요. 그래야 깨어있을 수 있으니까요. 저는 약합니다. 늘 갈대처럼 흔들리지요. 이런 제가 바로 서려면 끝없이 책을 읽어야 하거든요. 독서를 부정적으로 보는 사람들은 조건적으로 책을 대합니다. 책을 읽으면 반드시 뭔가를 얻어야 한다고 생각하는데 그건 거래하는 사람의 자세이지요. 우리가 관계를 맺을 때도 조건적으로 다가가면 상대를 안 해주듯이 책도 마찬가지가 아닐까요. 독서를 순수한 마음으로 보는 눈이 가장 중요한 것 같습니다.

독서가 부담이 될 때도 있잖아요.

그것 역시 독서를 조건적으로 바라보기 때문입니다. 체중을 5킬로그램만 줄이려고 해도 꾸준히 식단을 조절하고 트레이닝을 받아야 하잖아요. 그런데 그보다 더 큰 인생의 변화를 바라는 사람이 일주일에 책을 한 권 정도 읽고 아무것도 안 바뀌었다고 하는 것은 아무

것도 하지 않겠다는 것이죠. 어떤 노력도 하지 않으면서 인생이 바뀌길 바라는 것은 공짜 심리라고 생각합니다.

작가님의 삶의 우선순위는 독서인가요? 시간관리는 어떻게 하고 계신가요?

제 삶의 우선순위는 '가족', '나눔', '독서', '집필' 이렇게 네 가지입니다. 평소에 시간 관리도 우선순위를 중심으로 하고 있고요. 술도 마시지 않고 늦잠도 자지 않고 스마트폰을 만지거나 TV를 보는 일도 거의 없지요. 그래서 어떤 분들은 제게 친구가 없을 거라고 하는데 술친구는 없지만 나눔으로 맺어진, 진짜 인생을 함께하는 진정한 친구들이 굉장히 많답니다. 또 누군가는 제 인생이 무미건조해 보인다고 합니다. 그런데 저는 진심으로 재미있게 살고 있습니다. 인생에서 가장 귀한 가치로 꼽은 네 가지에만 집중하고 다른 건 가혹하게 쳐낼 뿐이지요.

《일독》, 《이독》에 등장하는 독서 멘토는 모두 타인의 이야기를 잘 듣는 '굿리스너'잖아요.

독서를 열심히 하는 사람들이 조심해야 하는 것이 있습니다. 바로 '말'인데요. 아는 것이 많아지면 저도 모르게 다른 사람을 가르치려 듭니다. 저는 평소에 사람도 책이라고 생각합니다. 한 사람의 인생 자체가 책이라면 내가 하고 싶은 말보다 그 사람의 이야기에 더 집중하게 되지요. 타인의 삶에서 배울 점을 찾으려고 노력하는 것이 중요하다고 생각합니다. 경청하는 습관을 기르고 싶다면 인간관계에 대한 책을 읽어보세요. 부부관계, 자녀관계 등 사람과 사람 사이의 관계를 다루는 책은 모두 경청을 이야기하니까요. 그렇게 자꾸 자신을 만들어가는 것이 중요합니다.

성공에는 자신의 노력뿐만 아니라 주위의 도움도 필요하지요. 《이독》에서 인간관계에서 성공하는 독서를 이야기하신 것도 그 때문이라고 생각합니다. 관계 회복도 독서로 가능할까요?

그럼요. 우선 자신의 상황에 맞는 책을 읽는 것이 굉장히 중요합니다. 관계 맺는 데 서툰 사람에게는 자존감을 북돋아 주는 책이 필요합니다. 자존감이 낮아지는 이유는 내가 나를 꾸짖고 비하하기 때문인데요. 책을 읽으며 나와 올바른 관계를 맺는 법을 터득할 필요가 있습니다. 그다음 타인과의 관계에 대한 책을 읽어야 합니다. 그중에 가장 중요한 것이 가족인데요. 부부간의 관계, 자녀와의 관계를 회복하지 않고 타인과의 관계를 맺으면, '정작 가까운 사람에게는 왜 그렇게 하지 못할까' 하는 생각에 다시 자존감이 무너지더군요. 타인과의 관계에 대한 독서는 사실 굉장히 어렵습니다.

작가님이 생각하는 진정한 성공이란 무엇인가요?

인생에서 가장 중요한 것이 무엇인지 확인하는 가장 쉬운 방법은 죽을 때 어떤 것을 후회하는지를 보는 것입니다. 미리 경험할 수 없기에 독서를 통해 간접적으로 알아가야겠지요. 책에 따르면 대부분 학벌, 돈, 직업 같은 물질적인 것이 아니라 '더 사랑하지 않은 것'을 후회한다고 합니다. 가족은 물론이고 나와 전혀 상관없는 누군가들을 무조건적으로 사랑하지 않은 것, 그게 가장 후회스럽다고 합니다. 그러니까 결국 사랑을 깨닫고 실천하는 삶을 사는 것이 진정한 성공이 아닐까요. 아무 조건 없이 맺어진 관계들은 돈으로 살 수 없는 소중한 보물이잖아요. 생의 마지막 순간에 마음의 서랍이 그런 보물로 가득하다면 성공한 삶을 살았다고 할 수 있을 것입니다.

마지막으로 이 책을 읽은 독자들에게 한마디 해주세요.

내가 왜 태어났는지, 어떻게 살아야 되는지를 깨닫고 그 깨달음을 몸소 실천하는 삶을 살아가시길 바랍니다.

이독

초판 1쇄 발행 2018년 2월 20일
초판 3쇄 발행 2023년 4월 24일

지은이 | 이지성, 스토리베리

발행인 | 박재호
주간 | 김선경
편집팀 | 강혜진, 이복규, 허지희
마케팅팀 | 김용범
총무팀 | 김명숙

디자인 | 김윤남
일러스트 | 이시내
교정교열 | 윤정숙
종이 | 세종페이퍼
인쇄·제본 | 한영문화사

발행처 | 차이정원
출판신고 | 제25100-2016-000043호
주소 | 서울시 마포구 양화로 156(동교동) LG팰리스 814호
전화 | 02-334-7932 **팩스** | 02-334-7933
전자우편 | 3347932@gmail.com

ISBN 979-11-88388-23-3 (04320)
979-11-88388-24-0 (set)

이 도서의 국립중앙도서관 출판예정도서목록(CIP)은 서지정보유통지원시스템 홈페이지(http://seoji.nl.go.kr)와 국가자료공동목록시스템(http://www.nl.go.kr/kolisnet)에서 이용하실 수 있습니다. (CIP제어번호: 2018003591)